# ŒUVRES COMPLÈTES
## DE
# E. T. A. HOFFMANN.

## CONTES FANTASTIQUES

— RÉIMPRESSION —

PARIS
*Eugène Renduel*
1832

# OEUVRES COMPLETES
## DE
# E.-T.-A. HOFFMANN.

Première Livraison.

PARIS. — IMPRIMERIE DE COSSON,
RUE SAINT-GERMAIN-DES-PRÉS, N. 9.

# CONTES
# FANTASTIQUES
### DE
### DE E.-T.-A. HOFFMANN.
### I.

### PARIS.
Eugène Renduel.
1832.

# CONTES
# FANTASTIQUES

DE E.-T.-A. HOFFMANN,

TRADUITS DE L'ALLEMAND

PAR M. LOÈVE-VEIMARS,

ET PRÉCÉDÉS

D'UNE NOTICE HISTORIQUE SUR HOFFMANN,

Par Walter Scott.

I.

— RÉIMPRESSION. —

PARIS.
EUGÈNE RENDUEL,
ÉDITEUR-LIBRAIRE,
RUE DES GRANDS-AUGUSTINS, N° 22.

1832.

La notice critique de Walter Scott sur Hoffmann, qui précède ces Contes, a déjà été placée dans les œuvres du romancier écossais. Il n'a pas dépendu de nous de la supprimer dans cet ouvrage, ni de la publier plus tôt; il nous a semblé d'ailleurs que sa place était marquée en tête de ce livre : Hoffmann pourra ainsi répondre par lui-même à son rigoureux critique.

Ce n'était peut-être pas avec les principes de la raison la plus élevée, du goût le plus pur, qu'il fallait juger un Hoffmann. D'où vient cette manie générale de reconstruire à sa guise l'âme d'un écrivain? et pourquoi regretter que tel homme n'ait pas eu le talent de tel autre? Hoffmann dessinait, il composait des vers, de la musique, dans une sorte de délire; il aimait le vin, une place obscure au fond d'une taverne; il se réjouissait de copier des figures étranges, de peindre un caractère brut et bizarre; il craignait le diable, il aimait les revenans, la musique, les lettres, la peinture; ces trois passions qui dévorèrent sa vie, il les cultivait avec un emportement sauvage; Salvator, Callot, Béethoven, Dante, Byron, étaient les génies qui réchauffaient son âme : Hoffmann a vécu dans une fièvre continuelle; il est mort presque en démence : un tel homme était plus fait pour être un sujet d'études que de critiques; et on devait plutôt compatir à cette originalité qui lui a coûté tant de douleurs, qu'en discuter froidement les principes. Il ne fallait pas oublier surtout que, s'il est des écrivains qui trouvent leur immense talent et leur verve dans le bonheur et dans l'opulence, il en est d'autres dont la route a été marquée à travers toutes les afflictions humaines, et dont un fatal destin a nourri l'imagination par des maux inouïs et par une éternelle misère.

A. Loève-Veimars.

# SUR HOFFMANN

### ET LES COMPOSITIONS

## FANTASTIQUES.

Le goût des Allemands pour le *mystérieux* leur a fait inventer un genre de composition qui peut-être ne pouvait exister que dans leur pays et leur langue. C'est celui qu'on pourrait appeler le genre FANTASTIQUE, où l'imagination s'abandonne à toute l'irrégularité de ses caprices et à toutes les combinaisons des scènes les plus bizarres et les plus burlesques. Dans les autres fictions où le merveilleux est admis, on suit une règle quelconque : ici l'imagination ne s'arrête que lorsqu'elle est épuisée. Ce genre est au roman plus régulier, sérieux ou comique, ce que la farce, ou plutôt les parades et la pantomime sont à la tragédie et à la comédie. Les transformations les plus imprévues et les plus extravagantes ont lieu par les moyens les plus improbables. Rien ne tend à en modifier l'absurdité. Il faut que le lecteur se contente de regarder les tours d'escamotage de l'auteur, comme il regarderait les sauts périlleux et les métamorphoses d'Arlequin, sans y chercher aucun sens, ni d'autre but que la surprise du moment. L'auteur qui est la tête de cette branche de la littérature romantique est Ernest-Théodore-Guillaume Hoffmann.

L'originalité du génie, du caractère et des habitudes d'Ernest-Théodore-Guillaume Hoffmann le rendaient propre à se distinguer dans un genre d'ouvrages qui exige l'imagination la plus bizarre. Ce fut un homme d'un rare talent. Il était à la fois poëte, dessinateur et musicien ; mais malheureusement son tempérament hypocondriaque le poussa sans cesse aux extrêmes dans tout ce qu'il entreprit : ainsi sa musique ne fut qu'un assemblage de sons étranges, ses dessins que des caricatures, ses contes, comme il le dit lui-même, que des extravagances.

Élevé pour le barreau, il remplit d'abord en Prusse des fonctions inférieures dans la magistrature ; mais bientôt réduit à vivre de son industrie, il eut recours à sa plume et à ses crayons, ou composa de la musique pour le théâtre. Ce changement continuel d'occupations incertaines, cette existence errante et précaire, produisirent sans doute leur effet sur un esprit particulièrement susceptible d'exaltation ou de découragement, et rendirent plus variable encore un caractère déjà trop inconstant. Hoffmann entretenait aussi l'ardeur de son génie par des libations fréquentes; et sa pipe, compagne fidèle, l'enveloppait d'une atmosphère de vapeurs. Son extérieur même indiquait son irritation nerveuse. Il était petit de taille, et son regard fixe et sauvage, qui s'échappait à travers une épaisse chevelure noire, trahissait cette sorte de désordre mental dont il semble avoir eu lui-même le sentiment, quand il écrivait sur son journal ce *memorandum* qu'on ne peut lire sans un mouvement d'effroi : « Pourquoi, » dans mon sommeil comme dans mes veilles, » mes pensées se portent-elles si souvent malgré moi sur le triste sujet de la démence ? » Il me semble, en donnant carrière aux idées » désordonnées qui s'élèvent dans mon esprit, » qu'elles s'échappent comme si le sang coulait d'une de mes veines qui viendrait de se » rompre. »

Quelques circonstances de la vie vagabonde d'Hoffmann vinrent aussi ajouter à ses craintes chimériques d'être marqué d'un sceau fatal, qui le rejetait hors du cercle commun des hommes. Ces circonstances n'avaient rien cependant d'aussi extraordinaire que se le figurait son imagination malade. Citons-en un exemple. Il était aux eaux et assistait à une partie de jeu fort animée, avec un de ses amis, qui ne put résister à l'appât de s'approprier une partie de l'or qui couvrait le tapis. Partagé entre l'espérance du gain et la crainte de la perte, et se méfiant de sa propre étoile, il glissa enfin six pièces d'or entre les mains d'Hoffmann, le priant de jouer pour lui. La fortune fut propice à notre jeune visionnaire, et il gagna pour son ami une trentaine de frédérics d'or. Le lendemain soir, Hoffmann résolut de tenter le sort pour lui-même. Cette idée, comme il le remarque, n'était pas le fruit d'une détermination antérieure, mais lui fut soudainement suggérée par la prière que lui fit son ami de jouer pour lui une seconde fois. Il s'approcha donc de la table pour son propre compte, et plaça sur une carte les deux seuls frédérics d'or qu'il possédât. Si le bonheur d'Hoffmann avait été remarquable la veille, on aurait pu croire maintenant qu'un pouvoir surnaturel avait fait un pacte avec lui pour le seconder : chaque carte lui était favorable. Mais laissons-le parler lui-même :

« Je perdis tout pouvoir sur mes sens, et à
» mesure que l'or s'entassait devant moi, je
» croyais faire un rêve, dont je ne m'éveillai
» que pour emporter ce gain aussi considérable
» qu'inattendu. Le jeu cessa, suivant l'usage, à
» deux heures du matin. Comme j'allais quitter
» la salle, un vieil officier me mit la main sur
» l'épaule, et m'adressant un regard sévère :
» — Jeune homme, me dit-il, si vous y allez de
» ce train, vous ferez sauter la banque; mais
» quand cela serait, vous n'en êtes pas moins,
» comptez-y bien, une proie aussi sûre pour le
» diable que le reste des joueurs. — Il sortit
» aussitôt sans attendre une réponse. Le jour
» commençait à poindre, quand je rentrai chez
» moi, et couvris ma table de mes monceaux
» d'or. Qu'on s'imagine ce que dut éprouver
» un jeune homme qui, dans un état de dépen-
» dance absolue, et la bourse ordinairement bien
» légère, se trouvait tout-à-coup en possession
» d'une somme suffisante pour constituer une
» véritable richesse, au moins pour le moment !

» Mais tandis que je contemplais mon trésor,
» une angoisse singulière vint changer le cours
» de mes idées ; une sueur froide ruisselait de
» mon front. Les paroles du vieil officier reten-
» tirent à mon oreille dans leur acception la
» plus étendue et la plus terrible. Il me sembla
» que l'or qui brillait sur ma table était les
» arrhes d'un marché par lequel le prince des
» ténèbres avait pris possession de mon âme
» pour sa destruction éternelle : il me sembla
» qu'un reptile vénéneux suçait le sang de mon
» cœur ; et je me sentis plongé dans un abîme
» de désespoir. »

L'aube naissante commençait alors à briller à travers la fenêtre d'Hoffmann, et à éclairer de ses rayons la campagne voisine. Il en éprouva la douce influence, et, retrouvant des forces pour combattre la tentation, il fit le serment de ne plus toucher une carte de sa vie, et le tint.

« La leçon de l'officier fut bonne, dit-il ; et » son effet, excellent. » Mais avec une imagination comme celle d'Hoffmann, cette impression fut le remède d'un empirique plutôt que d'un médecin habile. Il renonça au jeu, moins par sa conviction des funestes conséquences morales de cette passion, que par la crainte positive que lui inspirait l'esprit du mal en personne.

Il n'est pas rare de voir à cette exaltation, comme à celle de la folie, succéder des accès d'une timidité excessive. Les poëtes eux-mêmes ne passent pas pour être tous les jours braves, depuis qu'Horace a fait l'aveu d'avoir abandonné son bouclier ; mais il n'en était pas ainsi d'Hoffmann.

Il était à Dresde à l'époque critique où cette ville, sur le point d'être prise par les alliés, fut sauvée par le retour soudain de Bonaparte et de sa garde. Il vit alors la guerre de près, et s'aventura plusieurs fois à cinquante pas des tirailleurs français, qui échangeaient leurs balles, en vue de Dresde, avec celles des alliés. Lors du bombardement de cette ville, une bombe éclata devant la maison où Hoffmann était avec le comédien Keller, le verre à la main, et regardant d'une fenêtre élevée les progrès de l'attaque. L'explosion tua trois personnes : Keller laissa tomber son verre ; mais Hoffmann, après avoir vidé le sien : « Qu'est-ce que la vie ? s'écria-
» t-il philosophiquement; et combien est fragile
» la machine humaine, qui ne peut résister à un
» éclat de fer brûlant ! »

Au moment où l'on entassait les cadavres dans ces fosses immenses qui sont le tombeau du soldat, il visita le champ de bataille, couvert de morts et de blessés, d'armes brisées, de schakos, de sabres, de gibernes, et de tous les débris d'une bataille sanglante. Il vit aussi Napoléon au milieu de son triomphe, et l'entendit adresser à un adjudant, avec le regard et la voix retentissante du lion, ce seul mot : « Voyons. »

Il est bien à regretter qu'Hoffmann n'ait laissé que des notes peu nombreuses sur les événemens dont il fut témoin à Dresde, et dont il aurait pu, avec son esprit observateur et son talent pour la description, tracer un tableau si fidèle. On peut dire, en général, des relations de siéges et de combats, qu'elles ressemblent plutôt à des plans qu'à des tableaux ; et que, si elles peuvent instruire le tacticien, elles sont peu faites pour intéresser le commun des lecteurs. Un militaire surtout, en parlant des affaires où il s'est trouvé, est beaucoup trop disposé à les raconter dans le style sec et technique d'une gazette : comme s'il craignait d'être accusé de vouloir exagérer ses propres périls en rendant son récit dramatique.

La relation de la bataille de Leipsick, telle que l'a publiée un témoin oculaire, M. Schoberl, est un exemple de ce qu'on aurait pu attendre des talens de M. Hoffmann, si sa plume nous avait rendu compte des grandes circonstances qui venaient de se passer sous ses yeux. Nous lui aurions volontiers fait grâce de quelques-uns de ses ouvrages de diablerie, s'il nous eût donné à la place une description fidèle de l'attaque de Dresde, et de la retraite de l'armée alliée dans le mois d'août 1813. Hoffmann était d'ailleurs un honnête et véritable Allemand, dans toute la force du terme; et il eût trouvé une muse dans son ardent patriotisme.

Il ne lui fut pas donné toutefois d'essayer aucun ouvrage, si léger qu'il fût, dans le genre historique. La retraite de l'armée française le rendit bientôt à ses habitudes de travaux littéraires et de jouissances sociales. On peut supposer cependant que l'imagination toujours active d'Hoffmann reçut une nouvelle impulsion de tant de scènes de péril et de terreur. Une calamité domestique vint aussi contribuer à augmenter sa sensibilité nerveuse. Une voiture publique dans laquelle il voyageait, versa en route, et sa femme reçut à la tête une blessure fort grave qui la fit souffrir pendant long-temps.

Toutes ces circonstances, jointes à l'irritabilité naturelle de son propre caractère, jetèrent Hoffmann dans une situation d'esprit plus favorable peut-être pour obtenir des succès dans son genre particulier de composition, que compatible avec ce calme heureux de la vie, dans lequel les philosophes s'accordent à placer le bonheur ici-bas. C'est à une organisation comme celle d'Hoffmann, que s'applique ce passage de l'ode admirable *à l'Indifférence :*\*

« Le cœur ne peut plus connaître la paix ni la
» joie, quand, semblable à la boussole, il tourne,
» mais tremble en tournant, selon le vent de la
» fortune ou de l'adversité. »

Bientôt Hoffmann fut soumis à la plus cruelle épreuve qu'on puisse imaginer.

En 1807, un violent accès de fièvre nerveuse avait beaucoup augmenté la funeste sensibilité à laquelle il devait tant de souffrances. Il s'était fait lui-même, pour constater l'état de son imagination, une échelle graduée, une espèce de thermomètre, qui indiquait l'exaltation de ses sentimens, et s'élevait quelquefois jusqu'à un degré peu éloigné d'une véritable aliénation

\* Du poète Collins.

mentale. Il n'est pas facile peut-être de traduire par des expressions équivalentes les termes dont se sert Hoffmann pour classer ses sensations ; nous essaierons cependant de dire que ses notes sur son humeur journalière décrivent tour-à-tour une disposition aux idées mystiques ou religieuses ; le sentiment d'une gaîté exagérée ; celui d'une gaîté ironique ; le goût d'une musique bruyante et folle ; une humeur romanesque tournée vers les idées sombres et terribles ; un penchant excessif pour la satire amère, visant à ce qu'il y a de plus bizarre, de plus capricieux, de plus extraordinaire ; une sorte de quiétisme favorable aux expressions les plus chastes et les plus douces d'une imagination poétique ; enfin, une exaltation susceptible uniquement des idées les plus noires, les plus horribles, les plus désordonnées et les plus accablantes.

Dans certains temps, au contraire, les sentimens que retrace le journal de cet homme malheureux n'accusent plus qu'un abattement profond, un dégoût qui lui faisait repousser les émotions qu'il accueillait la veille avec le plus d'empressement. Cette espèce de paralysie morale est, à notre avis, une maladie qui affecte plus ou moins toutes les classes, depuis l'ouvrier qui s'aperçoit, pour nous servir de son expression, qu'il *a perdu sa main*, et ne peut plus remplir sa tâche journalière avec sa promptitude habituelle, jusqu'au poëte, que sa muse abandonne quand il a le plus besoin de ses inspirations. Dans des cas pareils, l'homme sage a recours à l'exercice ou à un changement d'étude : les ignorans et les imprudens cherchent des moyens plus grossiers pour chasser le paroxysme. Mais ce qui, pour une personne d'un esprit sain, n'est que la sensation désagréable d'un jour ou d'une heure, devient une véritable maladie pour des esprits comme celui d'Hoffmann, toujours disposés à tirer du présent de funestes présages pour l'avenir.

Hoffmann avait le malheur d'être particulièrement soumis à cette singulière peur du lendemain, et d'opposer presque immédiatement à toute sensation agréable qui s'élevait dans son cœur l'idée d'une conséquence triste ou dangereuse. Son biographe nous a donné un singulier exemple de cette fâcheuse disposition qui le portait non-seulement à redouter le pire, quand il en avait quelque motif réel, mais même à troubler, par cette appréhension ridicule et déraisonnable, les circonstances les plus naturelles

de la vie. « Le diable, avait-il l'habitude de dire,
» se glisse dans toutes les affaires, même quand
» elles présentent en commençant la tournure la
» plus favorable. » Un exemple sans importance,
mais bizarre, fera mieux connaître ce penchant
fatale au pessimisme.

Hoffmann, observateur minutieux, vit un
jour une petite fille s'adresser à une femme dans
le marché pour lui acheter quelques fruits qui
avaient frappé ses yeux et excité ses désirs. La
prudente fruitière voulut d'abord savoir ce
qu'elle avait à dépenser pour son achat; et
quand la pauvre fille, qui était d'une beauté remarquable, lui eut montré avec une joie mêlée
d'orgueil, une toute petite pièce de monnaie,
la marchande lui fit entendre qu'elle n'avait
rien dans sa boutique qui fût d'un prix assez
modique pour sa bourse. La pauvre enfant,
mortifiée, se retirait les larmes aux yeux, quand
Hoffmann la rappela, et, ayant fait son marché
lui-même, remplit son tablier des plus beaux
fruits; mais il avait à peine eu le temps de jouir
de l'expression du bonheur qui avait ranimé
tout à coup cette jolie figure d'enfant, qu'il
devint tourmenté de l'idée qu'il pourrait être la
cause de sa mort, puisque le fruit qu'il lui avait

donné pourrait lui occasioner une indigestion ou toute autre maladie. Ce pressentiment le poursuivit jusqu'à ce qu'il fût arrivé à la maison d'un ami. C'est ainsi que la crainte vague d'un mal imaginaire venait sans cesse empoisonner tout ce qui aurait dû charmer pour lui le présent ou embellir l'avenir. Nous ne pouvons nous empêcher ici d'opposer au caractère d'Hoffmann celui de notre poëte Wordsworth, si remarquable par sa riche imagination. La plupart des petits poëmes de Wordsworth sont l'expression d'une sensibilité extrême, excitée par les moindres incidens, tels que celui qui vient d'être raconté ; mais avec cette différence qu'une disposition plus heureuse et plus noble fait puiser à Wordsworth des réflexions agréables, douces et consolantes, dans ces mêmes circonstances qui n'inspiraient à Hoffmann que des idées d'une tout autre nature. Ces incidens passent sans arrêter l'attention des esprits ordinaires ; mais des observateurs doués d'une imagination poétique, comme Wordsworth et Hoffmann, sont, pour ainsi dire, des chimistes habiles, qui, de ces matières en apparence insignifiantes, savent distiller des cordiaux ou des poisons.

Nous ne voulons pas dire que l'imagination

d'Hoffmann fût vicieuse ou corrompue ; mais seulement qu'elle était déréglée, et avait un malheureux penchant vers les images horribles et déchirantes. Ainsi il était poursuivi, surtout dans ses heures de solitude et de travail, par l'appréhension de quelque danger indéfini dont il se croyait menacé ; et son repos était troublé par les spectres et les apparitions de toute espèce, dont la description avait rempli ses livres, et que son imagination seule avait enfantés : comme s'ils eussent eu une existence réelle et un pouvoir véritable sur lui. L'effet de ces visions était souvent tel, que, pendant les nuits, qu'il consacrait quelquefois à l'étude, il avait coutume de faire lever sa femme et de la faire asseoir auprès de lui, pour le protéger par sa présence contre les fantômes qu'il avait conjurés lui-même dans son exaltation.

Ainsi l'inventeur, ou au moins le premier auteur célèbre qui ait introduit dans sa composition le FANTASTIQUE ou le grotesque surnaturel, était si près d'un véritable état de folie, qu'il tremblait devant les fantômes de ses ouvrages. Il n'est pas étonnant qu'un esprit qui accordait si peu à la raison et tant à l'imagination, ait publié de si nombreux écrits où la seconde domine à l'exclusion de la première. Et, en effet, le grotesque, dans les ouvrages d'Hoffmann, ressemble en partie à ces peintures arabesques qui offrent à nos yeux les monstres les plus étranges et les plus compliqués : des centaures, des griffons, des sphinx, des chimères ; enfin, toutes les créations d'une imagination romanesque. De telles compositions peuvent éblouir par une fécondité prodigieuse d'idées, par le brillant contraste des formes et des couleurs ; mais elle ne présentent rien qui puisse éclairer l'esprit ou satisfaire le jugement. Hoffmann passa sa vie ( et certes ce ne pouvait être une vie heureuse) à tracer, sans règle et sans mesure, des images bizarres et extravagantes, qui, après tout, ne lui valurent qu'une réputation bien au dessous de celle qu'il aurait pu acquérir par son talent, s'il l'eût soumis à la direction d'un goût plus sûr ou d'un jugement plus solide. Il y a bien lieu de croire que sa vie fut abrégée, non-seulement par sa maladie mentale, mais encore par les excès auxquels il eut recours pour se garantir de la mélancolie, et qui agirent directement sur sa tournure d'esprit. Nous devons d'autant plus le regretter que, malgré tant de divagation, Hoffmann n'était pas un homme ordinaire ; et si le désordre de ses idées ne lui avait fait confondre le surnaturel avec l'absurde, il se serait distingué comme un excellent peintre de la nature humaine, qu'il savait observer et admirer dans ses réalités.

Hoffmann réussissait surtout à tracer les caractères propres à son pays. L'Allemagne, parmi ses auteurs nombreux, n'en peut citer aucun qui ait su plus fidèlement personnifier cette droiture et cette intégrité qu'on rencontre dans toutes les classes parmi les descendans des anciens Teutons. Il y a surtout dans le conte intitulé *le Majorat* un caractère qui est peut-être particulier à l'Allemagne, et qui forme un contraste frappant avec les individus de la même classe, tels qu'on nous les représente dans les romans, et tels que, peut-être, ils existent en réalité dans les autres pays. Le *justicier* B.... remplit, dans la famille du baron Roderic de R...., noble propriétaire de vastes domaines en Courlande, à peu près le même office que le fameux bailli Macwheeble exerçait sur les terres du baron de Bradwardine (s'il m'était permis de citer *Waverley*). Le justicier, par exemple, était le représentant du seigneur dans ses cours de justice féodale; il avait la surveillance de ses revenus, dirigeait et contrôlait sa maison, et, par sa connaissance des affaires de la famille, il avait acquis le droit d'offrir et son avis et son assistance dans les cas de difficultés pécuniaires. L'auteur écossais a pris la liberté de mêler à ce caractère une teinte de cette friponnerie dont on fait presque l'attribut obligé de la classe inférieure des gens de loi. Le bailli est bas, avare, rusé et lâche; il n'échappe à notre dégoût ou à notre mépris que par le côté plaisant de son caractère ; on lui pardonne une partie de ses vices en faveur de cet attachement pour son maître et sa famille, qui est chez lui une sorte d'instinct et qui semble l'emporter même sur son égoïsme naturel. Le justicier de R.... est précisément l'opposé de ce caractère : c'est bien aussi un original : il a les manies de la vieillesse et un peu de sa mauvaise humeur satirique; mais ses qualités morales en font, comme le dit justement La Motte-Fouqué, un héros des anciens temps, qui a pris la robe de chambre et les pantoufles d'un vieux procureur de nos jours. Son mérite naturel, son indépendance, son courage, sont plutôt rehaussés que ternis par son éducation, et sa profession, qui suppose une connaissance exacte du genre humain, et qui, si elle n'est pas subordonnée à l'honneur et à la probité, est le masque le plus vil et le plus dangereux dont un homme puisse se couvrir pour tromper les autres. Mais le justicier d'Hoffmann, par sa situation dans la famille de ses maîtres, dont il a connu deux générations, par la possession de tous leurs secrets, et plus encore par la loyauté et la noblesse de son caractère, exerce sur son seigneur lui-même, tout fier qu'il est parfois, un véritable ascendant.

Le conte que nous venons de citer montre l'imagination déréglée d'Hoffmann, mais prouve aussi qu'il possédait un talent qui aurait dû la contenir et la modifier. Malheureusement son goût et son tempérament l'entraînaient trop fortement au grotesque et au fantastique, pour lui permettre de revenir souvent dans ses compositions au genre plus raisonnable dans lequel il aurait facilement réussi. Le roman populaire a sans doute un vaste cercle à parcourir, et loin de nous la pensée d'appeler les rigueurs de la critique contre ceux dont le seul objet est de faire passer au lecteur une heure agréable. On peut répéter avec vérité que, dans cette littérature légère,

« Tous les genres sont bons, hors le genre ennuyeux. »

Sans doute, il ne faut pas condamner une faute

de goût avec la même sévérité que si c'était une fausse maxime de morale, une hypothèse erronée de la science, ou une hérésie en religion. Le génie aussi, nous le savons, est capricieux, et veut avoir son libre essor, même hors des régions ordinaires, ne fût-ce que pour hasarder une tentative nouvelle. Quelquefois enfin, on peut arrêter ses regards avec plaisir sur une peinture arabesque, exécutée par un artiste doué d'une riche imagination ; mais il est pénible de voir le génie s'épuiser sur des sujets que le goût réprouve. Nous ne voudrions lui permettre une excursion dans ces régions fantastiques, qu'à condition qu'il en rapporterait des idées douces et agréables. Nous ne saurions avoir la même tolérance pour ces caprices qui non-seulement nous étonnent par leur extravagance, mais nous révoltent par leur horreur. Hoffmann doit avoir eu dans sa vie des momens d'exaltation douce aussi bien que d'exaltation pénible ; et le champagne qui pétillait dans son verre aurait perdu pour lui sa bienveillante influence, s'il n'avait quelquefois éveillé dans son esprit des idées agréables aussi bien que des pensées bizarres. Mais c'est le propre de tous les sentimens exagérés, de tendre toujours vers les émotions pénibles ; comme les accès de la folie ont bien plus fréquemment un caractère triste qu'agréable. De même le grotesque a une alliance intime avec l'horrible; car ce qui est hors de la nature peut difficilement avoir aucun rapport avec ce qui est beau. Rien, par exemple, ne peut être plus déplaisant pour l'œil que le palais de ce prince italien au cerveau malade, qui était décoré de toutes les sculptures monstrueuses qu'une imagination dépravée pouvait suggérer au ciseau de l'artiste. Les ouvrages de Callot, qui a fait preuve d'une fécondité d'esprit merveilleuse, causent pareillement plus de surprise que de plaisir. Si nous comparons la fécondité de Callot à celle d'Hogarth, nous les trouverons égaux l'un à l'autre; mais comparons le degré de satisfaction que procure un examen attentif de leurs compositions respectives, et l'artiste anglais aura un immense avantage. Chaque nouveau coup de pinceau que l'observateur découvre parmi les détails riches et presque superflus d'Hogarth, vaut un chapitre dans l'histoire des mœurs humaines, sinon du cœur humain; en examinant de près, au contraire, les productions de Callot, on découvre seulement dans chacune de ses *diableries* un nouvel exemple d'un esprit employé en pure perte, ou d'une imagination qui s'égare dans les régions de l'absurde. Les ouvrages de l'un ressemblent à un jardin soigneusement cultivé, qui nous offre à chaque pas quelque chose d'agréable ou d'utile ; ceux de l'autre rappellent un jardin négligé, dont le sol, également fertile, ne produit que des plantes sauvages et parasites.

Hoffmann s'est en quelque sorte identifié avec l'ingénieux artiste que nous venons de critiquer, par son titre de *Tableaux de nuit à la manière de Callot*, et pour écrire, par exemple, un conte comme *le Sablier**, il faut qu'il ait été initié dans les secrets de ce peintre original, avec qui il peut certes réclamer une véritable analogie de talent. Nous avons cité un conte, *le Majorat*, où le merveilleux nous paraît heureusement employé parce qu'il se mêle à des intérêts et des sentimens réels, et qu'il montre avec beaucoup de force à quel degré les circonstances peuvent élever l'énergie et la dignité de l'âme ; mais celui-ci est d'un genre bien différent :

« Moitié horrible, moitié bizarre, semblable à un démon qui exprime sa joie par mille grimaces. »

Nathaniel, le héros de ce conte, est un jeune

* Ce conte fait partie de la seconde livraison des *Contes Fantastiques*.
L'ÉDITEUR.

homme d'un tempérament fantasque et hypocondriaque, d'une tournure d'esprit poétique et métaphysique à l'excès, avec cette organisation nerveuse plus particulièrement soumise à l'influence de l'imagination. Il nous raconte les événemens de son enfance dans une lettre adressée à Lothaire, son ami, frère de Clara, sa fiancée.

Son père, honnête horloger, avait l'habitude d'envoyer coucher ses enfans, à certains jours, plus tôt qu'à l'ordinaire, et la mère ajoutait chaque fois à cet ordre : Allez au lit, voici le Sablier qui vient. Nathaniel, en effet, observa qu'alors, après leur retraite, on entendait frapper à la porte; des pas lourds et trainans retentissaient sur l'escalier; quelqu'un entrait chez son père, et quelquefois une vapeur désagréable et suffoquante se répandait dans la maison. C'était donc le Sablier : mais que voulait-il, et que venait-il faire? Aux questions de Nathaniel, la bonne répondit, par un conte de nourrice, que le Sablier était un méchant homme qui jetait du sable dans les yeux des petits enfans qui ne voulaient pas aller se coucher. Cette réponse redoubla sa frayeur, mais éveilla en même temps sa curiosité. Il résolut enfin de se cacher dans la chambre de son père, et d'y attendre l'arrivée du visiteur nocturne : il exécuta ce projet, et reconnut dans le Sablier l'homme de loi Copelius qu'il avait vu souvent avec son père. Sa masse informe s'appuyait sur des jambes torses; il était gaucher, avait le nez gros, les oreilles énormes, tous les traits démesurés, et son aspect farouche, qui le faisait ressembler à un ogre, avait souvent épouvanté les enfans, quand ils ignoraient encore que ce légiste, odieux déjà par sa laideur repoussante, n'était autre que le redoutable Sablier. Hoffmann a tracé de cette figure monstrueuse une esquisse qu'il a voulu sans doute rendre aussi révoltante pour ses lecteurs qu'elle pouvait être terrible pour les enfans. Copelius fut reçu par le père de Nathaniel avec les démonstrations d'un humble respect : ils découvrirent un fourneau secret, l'allumèrent, et commencèrent bientôt des opérations chimiques d'une nature étrange et mystérieuse, qui expliquaient cette vapeur dont la maison avait été plusieurs fois remplie. Les gestes des opérateurs devinrent frénétiques; leurs traits prirent une expression d'égarement et de fureur à mesure qu'ils avançaient dans leurs travaux; Nathaniel, cédant à la terreur, jeta un cri et sortit de sa retraite. L'alchimiste, car Copelius en était un, eut à peine découvert le petit espion, qu'il menaça de lui arracher les yeux, et ce ne fut pas sans difficulté que le père, en s'interposant, parvint à l'empêcher de jeter des cendres ardentes dans les yeux de l'enfant. L'imagination de Nathaniel fut tellement troublée de cette scène, qu'il fut attaqué d'une fièvre nerveuse pendant laquelle l'horrible figure du disciple de Paracelse était sans cesse devant ses yeux comme un spectre menaçant.

Après un long intervalle, et quand Nathaniel fut rétabli, les visites nocturnes de Copelius à son élève recommencèrent; celui-ci promit un jour à sa femme que ce serait pour la dernière fois. Sa promesse fut réalisée, mais non pas sans doute comme l'entendait le vieux horloger. Il périt le jour même par l'explosion de son laboratoire chimique, sans qu'on pût retrouver aucune trace de son maître dans l'art fatal qui lui avait coûté la vie. Un pareil événement était bien fait pour produire une impression profonde sur une imagination ardente : Nathaniel fut poursuivi, tant qu'il vécut, par le souvenir de cet affreux personnage ; et Copelius s'identifia dans son esprit avec le principe du mal. L'auteur continue ensuite le récit lui-même, et nous présente son héros étudiant à l'université, où il est surpris par l'apparition soudaine de son infatigable persécuteur. Celui-ci joue maintenant le rôle d'un colporteur italien ou du Tyrol, qui vend des instrumens d'optique; mais, sous le déguisement de sa nouvelle profession et sous le nom italianisé de Giuseppe Coppola, c'est toujours l'ennemi acharné de Nathaniel; celui-ci est vivement tourmenté de ne pouvoir faire partager à son ami et à sa maitresse les craintes que lui inspire le faux marchand de baromètres, qu'il croit reconnaître pour le terrible jurisconsulte. Il est aussi mécontent de Clara, qui, guidée par son bon sens et par un jugement sain, rejette non-seulement ses frayeurs métaphysiques, mais blâme aussi son style poétique, plein d'enflure et d'affectation. Son cœur s'éloigne par degrés de la compagne de son enfance, qui ne sait être que franche, sensible et affectionnée; et il transporte, par la même gradation, son amour sur a fille d'un professeur appelé Spalanzani, dont la maison fait face aux fenêtres de son logement. Ce voisinage lui donne l'occasion fréquente de contempler Olympia assise dans sa chambre: elle y reste des heures entières sans lire, sans travailler, ou même sans se mouvoir; mais, en dépit de cette insipidité et de cette inaction, il ne peut résister au charme de son extrême beauté. Cette passion funeste prend un accroissement bien plus rapide encore, quand il s'est laissé persuader d'acheter une lorgnette d'approche au pérfide Italien, malgré sa ressemblance frappante avec l'ancien objet de sa haine et de son horreur. La secrète influence de ce verre trompeur cache aux yeux de Nathaniel ce qui frappait tous ceux qui approchaient Olympia. Il ne voit pas en elle une certaine raideur de manières qui rend sa démarche semblable aux mouvemens d'une machine, une stérilité d'idées qui réduit sa conversation à un petit nombre de phrases sèches et brèves, qu'elle répète tour-à-tour; il ne voit rien enfin de tout ce qui trahissait son origine mécanique. Ce n'était en effet qu'une belle poupée, ou automate, créée par la main habile de Spalanzani, et douée d'une apparence de vie par les artifices diaboliques de l'alchimiste, avocat et colporteur, Copelius ou Coppola.

L'amoureux Nathaniel vient à connaître cette fatale vérité en se trouvant le témoin d'une querelle terrible qui s'élève entre les deux imitateurs de Prométhée, au sujet de leurs intérêts respectifs dans ce produit de leur pouvoir créa teur. Ils profèrent les plus infâmes imprécations, mettent en pièces leur belle machine, et saisissent ses membres épars, dont ils se frappent à coups redoublés. Nathaniel, déjà à moitié fou, tombe dans une frénésie complète à la vue de cet horrible spectacle.

Mais nous serions fous nous-mêmes de continuer à analyser ces rêves d'un cerveau en délire. Au dénouement, notre étudiant, dans un accès de fureur, veut tuer Clara en la précipitant du sommet d'une tour : son frère la sauve de ce péril, et le frénétique, resté seul sur la plate-forme, gesticule avec violence et débite le jargon magique qu'il a appris de Copelius et de Spalanzani. Les spectateurs, que cette scène avait rassemblés en foule au pied de la tour, cherchaient les moyens de s'emparer de ce furieux, lorsque Copelius apparaît soudain parmi eux, et leur donne l'assurance que Nathaniel va descendre de son propre mouvement. Il réalise sa prophétie en fixant sur le malheureux jeune homme un regard de fascination, qui le fait aussitôt se précipiter lui-même, la tête la première. L'horrible absurdité de ce conte est faiblement rachetée par quelques traits dans le caractère de Clara, dont la fermeté, le simple bon sens et la franche affection forment un contraste agréable avec l'imagination en désordre, les appréhensions, les frayeurs chimériques et la passion déréglée de son extravagant admirateur.

Il est impossible de soumettre de pareils contes à la critique. Ce ne sont pas les visions d'un esprit poétique ; elles n'ont pas même cette liaison apparente que les égaremens de la démence laissent quelquefois aux idées d'un fou : ce sont les rêves d'une tête faible, en proie à la fièvre, qui peuvent un moment exciter notre curiosité par leur bizarrerie, ou notre surprise par leur originalité, mais jamais au delà d'une attention très-passagère, et, en vérité, les inspirations d'Hoffmann ressemblent si souvent aux idées produites par l'usage immodéré de l'opium, que nous croyons qu'il avait plus besoin du secours de la médecine que des avis de la critique.

La mort de cet homme extraordinaire arriva en 1822. Il devint affecté de cette cruelle maladie appelée *tabes dorsalis*, qui le priva peu à peu de l'usage de ses membres. Même dans cette triste extrémité, il dicta plusieurs ouvrages qui indiquent encore la force de son imagination, parmi lesquels nous citerons un fragment intitulé

*la Convalescence*, plein d'allusions touchantes à ses propres sentimens à cette époque, et une nouvelle appelée *l'Adversaire*, à laquelle il consacra presque ses derniers momens. Rien ne put ébranler la force de son courage ; il sut endurer avec constance les angoisses de son corps, quoiqu'il fût incapable de supporter les terreurs imaginaires de son esprit. Les médecins crurent devoir en venir à la cruelle épreuve du cautère actuel, par l'application d'un fer brûlant sur le trajet de la moelle épinière, pour essayer de ranimer l'activité du système nerveux. Il fut si loin de se laisser abattre par les tortures de ce martyr médical, qu'il demanda à un de ses amis, qui entra dans sa chambre au moment où l'on venait de terminer cette terrible opération, s'il ne sentait pas *la chair rôtie*. « Je consentirais volontiers, disait-il avec le même
» courage héroïque, à perdre l'usage de mes mem-
» bres, si je pouvais seulement conserver la force
» de travailler avec l'aide d'un secrétaire. » Hoffmann mourut à Berlin, le 25 juin 1822, laissant la réputation d'un homme remarquable, que son tempérament et sa santé avaient seuls empêché d'arriver à la plus haute renommée, et dont les ouvrages, tels qu'ils existent aujourd'hui, doivent

être considérés moins comme un modèle à imiter, que comme un avertissement salutaire du danger que court un auteur qui s'abandonne aux écarts d'une folle imagination.

Walter Scott.

# LE MAJORAT.

# CONTES FANTASTIQUES.

## LE MAJORAT.

### CHAPITRE PREMIER.

Non loin du rivage de la mer Baltique, se trouve le château héréditaire de la famille de R..., nommé R...bourg. La contrée est sauvage et déserte. Çà et là, quelques brins de gazon percent avec peine le sol formé de sable mouvant. Au lieu du parc qui embellit d'ordinaire les alentours d'une habitation seigneuriale, s'élève, au-dessous des murailles nues, un misérable bois de pins dont l'éternelle couleur sombre semble mépriser la parure du printemps, et dans lequel les joyeux gazouillemens des oiseaux sont remplacés par l'affreux croassement des corbeaux et les sifflemens des mouettes dont le vol annonce l'orage.

A un demi-mille de ce lieu, la nature change tout à coup d'aspect. On se trouve transporté, comme par un coup de baguette magique, au milieu de plaines fleuries, de champs et de prairies émaillés. A l'extrémité d'un gracieux bouquet d'aulnes, on aperçoit les fondations d'un grand château qu'un des anciens propriétaires de R...bourg avait dessein d'élever. Ses successeurs, retirés dans leurs domaines de Courlande, le laissèrent inachevé; et le baron Roderich de R..., qui revint établir sa résidence dans le château de ses pères, préféra, dans son humeur triste et sombre, cette demeure gothique et isolée à une habitation plus élégante.

Il fit réparer le vieux château ruiné aussi bien qu'on le put, et s'y renferma avec un intendant grondeur et un petit nombre de domestiques. On le voyait rarement dans le village; en revanche, il allait souvent se promener à pied ou à cheval sur le rivage de la mer, et l'on prétendait avoir remarqué de loin qu'il parlait aux vagues et qu'il écoutait le mugissement des flots comme s'il eût entendu la voix de l'esprit des mers.

Il avait fait arranger un cabinet au haut de la tour la plus élevée, et l'avait pourvu de lunettes et de l'appareil astronomique le plus complet. Là, il observait tous les jours, les yeux tournés vers la mer, les navires qui glissaient à l'horizon comme des oiseaux aquatiques aux ailes blanches éployées. Les nuits étoilées, il les passait dans ce lieu, occupé de travaux astronomiques ou astrologiques, comme on le disait, en quoi le vieil intendant lui prêtait son asistance. Généralement, on pensait alors qu'il s'était adonné aux sciences occultes, à ce qu'on nommait la magie noire, et qu'une opération manquée, dont la non-réussite avait irrité contre lui une maison souveraine, l'avait forcé de quitter la Courlande. Le plus léger ressouvenir de son ancien séjour le remplissait d'horreur, et il attribuait tous les malheurs qui avaient troublé sa vie à la faute de ses aïeux, qui avaient quitté R...bourg.

Pour attacher dans l'avenir le chef de sa maison à ce domaine, il résolut d'en faire un majorat. Le souverain y consentit d'autant plus volontiers, qu'il retenait par là dans le royaume une noble et riche famille, dont les membres s'étaient déjà répandus dans les pays étrangers.

Cependant, ni le fils du baron, nommé Hubert, ni le seigneur du majorat, qui portait le nom de Roderich comme son père et son grand-père, ne demeurèrent habituellement au château. Ils passaient leur vie en Courlande. Il semblait qu'ils redoutassent plus que leur ancêtre, la solitude effrayante de R...bourg. Le baron Roderich avait deux tantes, deux vieilles filles, sœurs de son père, à qui, dans leur pauvreté, il avait accordé un asile. Elles habitaient, avec une servante âgée, un petit appartement bien chaud, dans une aile latérale; et outre ces personnes et un cuisinier qui vivait dans les caves où se préparaient les mets, on ne rencontrait dans les vastes salles et dans les longs corridors du bâtiment principal, qu'un vieux garde-chasse exténué, qui remplissait l'office d'intendant; les autres domestiques demeuraient dans le village, chez l'inspecteur du domaine.

Mais dans l'arrière-saison, lorsque les premières neiges commençaient à tomber, et que le temps de la chasse aux loups et aux sangliers était arrivé, le vieux château, mort et abandonné, prenait une vie nouvelle. Alors arrivait de Courlande le baron Roderich avec sa femme, accompagné de parens, d'amis, et de nombreux équipages de chasse. La noblesse voisine et tous les chasseurs de la ville prochaine arrivaient à leur tour, et le château pouvait à peine contenir tous les hôtes qui y affluaient. Dans tous les foyers brillaient des feux pétillans, et dès que le ciel commençait à grisonner, jusqu'à la nuit noire, les cuisines étaient animées, les degrés étaient couverts de seigneurs, de dames, de laquais qui descendaient et montaient avec fracas; d'un côté retentissaient le bruit des verres que l'on choquait, et les joyeux refrains de chasse, de l'autre, les sons de l'orchestre qui animaient les danseurs; partout des rires bruyans et des cris de plaisir. C'est ainsi que durant plus de six semaines le château ressemblait plus à une magnifique auberge bien achalandée, qu'à l'habitation d'un noble seigneur.

Le baron Roderich employait ce temps, autant qu'il le pouvait, à des affaires sérieuses, et retiré loin du tumulte de ses hôtes, il remplissait les devoirs du seigneur d'un majorat. Il ne se faisait pas seulement rendre un compte détaillé de tous les revenus, il écoutait encore chaque projet d'amélioration, et jusqu'aux moindres plaintes de ses vassaux, cherchant à rétablir partout l'ordre et à rendre justice à chacun. Le vieil avocat V...., chargé de père en fils des affaires de la maison des barons de Roderich, et justicier des biens qu'ils possédaient à P..., l'assistait activement dans ce travail; il avait coutume de partir régulièrement pour le château huit jours avant l'époque où le baron venait annuellement dans son majorat.

## CHAPITRE IX.

———

En 179..., le temps était arrivé où le vieil avocat V... devait partir pour le château. Quelque énergie que se sentît encore le vieillard à soixante-dix ans, il pensait toutefois qu'une main auxiliaire lui serait d'un grand secours. Un jour il me dit en riant : Neveu (j'étais son petit-neveu, et je porte encore son nom), neveu! — Je pense que tu ferais bien de te faire un peu souffler le vent de la mer aux oreilles, et de venir avec moi à R...bourg. Outre que tu peux m'assister vaillamment dans plus d'une méchante affaire, tu te trouveras bien de tâter un peu de la rude vie des chasseurs, et quand tu auras passé une matinée à écrire un protocole, de t'essayer le lendemain à regarder en face un terrible animal courroucé, comme l'est un loup affamé, aux longs poils gris, ou même à lui tirer un bon coup de fusil.

J'avais entendu trop de récits des joyeuses chasses de R...bourg, et j'étais trop attaché à mon digne et vieux grand-oncle, pour ne pas me trouver fort satisfait qu'il voulût bien cette fois m'emmener avec lui. Déjà passablement initié au genre d'affaires qu'ils avait à conduire, je lui promis de lui épargner une grande partie de ses travaux.

Le jour suivant, nous étions assis dans une bonne voiture, bien enveloppés dans une immense pelisse, et nous roulions vers R...bourg à travers d'épais flocons de neige, avant-coureurs d'un hiver rigoureux.

En chemin, mon vieil oncle me raconta mille choses bizarres du défunt baron Roderich qui avait fondé le majorat, et qui l'avait nommé, malgré sa jeunesse, son justicier et son exécuteur testamentaire. Il me parla des façons rudes et sauvages du seigneur, dont toute sa famille semblait avoir hérité, et que le baron actuel, qu'il avait connu dans sa jeunesse doux et presque faible, semblait prendre chaque jour davantage. Il me prescrivit de me conduire sans façon et avec hardiesse, pour avoir quelque valeur aux yeux du baron, et finit par m'entretenir du logement qu'il avait choisi une fois pour toutes, au château, parce qu'il était chaud, commode et assez éloigné des autres, pour qu'on pût s'y soustraire au bruit des chasseurs et des convives. Dans deux petites chambres garnies de bonnes tapisseries, tout auprès de la grande salle d'audience, et vis-à-vis de l'appartement des deux vieilles demoiselles, c'est là que mon oncle établissait chaque fois sa résidence.

Enfin, après un voyage aussi rapide que pénible, nous arrivâmes par une nuit obscure à R...bourg. Nous passâmes à travers le village. C'était un dimanche; la maison de l'inspecteur du domaine était éclairée du haut en bas; on voyait sauter les danseurs, et on entendait le son des violons. Le château où nous nous rendîmes, ne nous parut que plus sombre et plus désert. Le vent de la mer arrivait jusqu'à nous comme de longs gémissemens, et les pins courbés rendaient des sons lugubres. Les hautes murailles noircies s'élevaient devant nous du fond d'un abîme de neige. Nous nous arrêtâmes devant la porte principale qui était fermée. Mais les cris, les claquemens du fouet, les coups de marteau redoublés, tout fut inutile ; un silence profond régnait dans l'édifice, et on n'y apercevait aucune lumière. Mon vieil oncle fit entendre sa voix forte et retentissante : François ! François ! — Où restez-vous donc ? — Au diable, remuez-vous ! — Nous gelons à cette porte ! La neige nous coupe le visage. — Que diable, remuez-vous !

Un chien se mit à gronder, une lumière vacillante parut dans une salle basse, elle traversa plusieurs fenêtres; un bruit de clefs se fit entendre, et les lourdes portes crièrent sur leurs gonds.

— Eh! soyez le bien-venu, mille fois le bien-venu, M. le Justicier. Voilà un bien triste temps!

Ainsi parla le vieux François, en élevant sa lanterne de manière à ce que toute la lumière tombât sur son visage éraillé, auquel il s'efforçait de donner une expression joviale. La voiture entra dans la cour, nous descendîmes, et j'aperçus alors distinctement l'ensemble du vieux domestique, enseveli dans une large livrée à la vieille mode, singulièrement garnie de galons. Deux boucles grises descendaient sur un front blanc et large; le bas de son visage avait la couleur robuste du chasseur, et en dépit de ses muscles saillans et de la dureté de ses traits, une expression de bonhomie un peu niaise paraissait dans ses yeux et surtout dans sa bouche.

— Allons, mon vieux François, dit mon oncle en secouant sur le pavé de la grande salle la neige qui couvrait sa pelisse, allons, tout est-il prêt? Les tapisseries de ma chambre ont-elles été battues, les lits sont-ils dressés; a-t-on bien balayé, bien nettoyé hier et aujourd'hui?

— Non, répondit François fort tranquillement, non, M. le justicier, tout cela n'a pas été fait.

— Mon Dieu! s'écria mon oncle. J'ai cependant écrit à temps, j'arrive juste à la date que j'ai indiquée, et je suis sûr que ces chambres sont glacées.

— Oui, M. le justicier, reprit François en retranchant soigneusement, à l'aide de ciseaux, un énorme lumignon qui s'était formé à l'extrémité de la mèche de la chandelle, et en l'écrasant sous son pied. Voyez-vous, nous aurions eu beau chauffer, à quoi cela nous eût-il servi, puisque le vent et la neige entrent très-bien par les vitres cassées que...

— Quoi! s'écria mon grand-oncle en l'interrompant et en entr'ouvrant sa pelisse pour mieux croiser les bras, quoi! les fenêtres sont brisées, et vous, l'intendant de la maison, vous ne les avez pas fait réparer!

— Non, M. le justicier, continua le vieillard avec le même calme, parce qu'on ne peut pas bien entrer à cause des décombres et des pierres qui sont dans les chambres.

— Et comment! mille millions de diables, comment se trouve-t-il des pierres et des décombres dans ma chambre! s'écria mon oncle.

— A l'accomplissement de tous vos souhaits, mon jeune maître! s'écria

François en s'inclinant poliment au moment où j'éternuais; et il ajouta aussitôt : Ce sont les pierres et le plâtre du gros mur qui sont tombés pendant le grand ébranlement.

— Vous avez donc eu un tremblement de terre! s'écria mon oncle hors de lui.

— Non, M. le justicier, répondit le vieux domestique avec une espèce de sourire; mais il y a trois jours, la voûte de la salle d'audience est tombée avec un bruit épouvantable.

— Que le diable emporte... Le grand-oncle, violent et irritable qu'il était, se disposait à lâcher un gros juron; mais levant le bras droit et relevant son bonnet de renard, il se retint et se retourna vers moi en éclatant de rire. — Vraiment, me dit-il, il ne faut plus que nous fassions de questions, car nous ne tarderions pas à apprendre que le château tout entier s'est écroulé. — Mais, continua-t-il en se tournant vers le vieux domestique, mais, François, ne pouviez-vous pas être assez avisé pour me faire préparer et chauffer un autre appartement? Ne pouviez-vous pas arranger promptement une salle pour les audiences?

— Tout cela a été fait, dit le vieux François en montrant l'escalier d'un air satisfait, et en commençant à monter les degrés.

— Mais voyez donc cet original! s'écria mon oncle en le suivant. Il se mit à marcher le long de quelques grands corridors voûtés, sa lumière vacillante jetait une singulière clarté dans les épaisses ténèbres qui y régnaient. Des colonnes, des chapiteaux, de sombres arcades se montraient dans les airs sous des formes fugitives, nos ombres gigantesques marchaient auprès de nous, et ces merveilleuses figures qui se glissaient sur les murailles, semblaient fuir en tremblant, et leurs voix retentir sous les voûtes avec le bruit de nos pas. Enfin, après nous avoir fait traverser une suite de chambres froides et démeublées, François ouvrit une salle où la flamme qui s'élevait dans la cheminée nous salua d'un pétillement hospitalier. Je me trouvai à mon aise dès que j'entrai dans cette chambre; pour mon oncle, il s'arrêta au milieu de la salle, regarda tout autour de lui, et dit d'un ton grave et presque solennel : — C'est donc ici qu'on rendra la justice ?

François élevant son flambeau de manière à éclairer un blanc carré de mur où s'était sans doute trouvée une porte, dit d'une voix sombre et douloureuse : — On a déjà rendu justice ici!

— Quelle idée vous revient là, mon vieux camarade! s'écria mon oncle en se débarrassant de sa pelisse et en s'approchant du feu.

— Cela m'est venu sans y penser, dit François. Il alluma des bougies, ouvrit la chambre voisine qui avait été préparée pour nous recevoir. En peu d'instans une table servie se trouva devant la cheminée ; le vieux domestique apporta des mets bien apprêtés, auxquels nous fîmes honneur, et une écuelle de punch brûlé à la véritable manière du nord.

Mon oncle, fatigué du voyage, gagna son lit dès qu'il eut soupé ; la nouveauté, la singularité de ce lieu, le punch même, avaient trop animé mes esprits pour que je pusse songer à dormir. François débarrassa la table, ranima le feu, et me laissa en me saluant amicalement.

## CHAPITRE III.

Je me trouvai donc seul dans la haute et vaste salle. La neige avait cessé de tomber, la tempête de mugir, et le disque de la lune brillait à travers les larges fenêtres cintrées, et éclairait d'une manière magique tous les sombres recoins de cette singulière construction, où ne pouvait pas pénétrer la clarté de ma bougie et celle du foyer. Comme on le voit souvent dans les vieux châteaux, les murailles et le plafond de la salle étaient décorés, à l'ancienne manière, de peintures fantastiques et d'arabesques dorés. Au milieu de grands tableaux, représentant des chasses aux loups et aux ours, s'avançaient en relief des figures d'hommes et d'animaux, découpées en bois, et peintes de diverses couleurs, auxquelles le reflet du feu et celui de la lune donnait une singulière vérité. Entre les tableaux, on avait placé les portraits de grandeur naturelle des anciens barons en costume de chasse. Tous ces ornemens portaient la teinte sombre que donne le temps, et faisaient mieux ressortir la place blanche et nue qui se trouvait entre les deux portes. C'était évidemment aussi la place d'une porte qui avait été murée, et qu'on avait négligé de recouvrir de peintures et d'ornemens.

Qui ne sait combien le séjour d'un lieu pittoresque éveille d'émotions, et saisit même l'âme la plus froide? Qui n'a éprouvé un sentiment inconnu au milieu d'une vallée entourée de rochers, dans les sombres murs d'une église? Qu'on songe maintenant que j'avais vingt ans, que les fumées du punch animaient ma pensée, et l'on comprendra facilement la disposition d'esprit où je me trouvais dans cette salle. Qu'on se peigne aussi le silence de la nuit, au milieu duquel le sourd murmure de la mer et les singuliers sifflemens des vents retentissaient comme les sons d'un orgue immense, touché par des esprits; les nuages qui passaient rapidement et qui souvent, dans leur blancheur et leur éclat, semblaient des géans qui venaient me contempler par les immenses fenêtres : tout cela était bien fait pour me causer le léger frisson que j'éprouvais. Mais ce malaise était comme le saisissement qu'on éprouve au récit d'une histoire de revenans vivement contée, et qu'on ressent avec plaisir. Je pensais alors que je ne pouvais me trouver en meilleure disposition pour lire le livre que j'avais apporté dans ma poche. C'était le *Visionnaire* de Schiller. Je lus et je relus, et j'échauffai de plus en plus mon imagination. J'en vins à l'histoire de la noce chez le comte de V..., racontée avec un charme si puissant. Juste au moment où le spectre de Jéronimo entre dans la salle, la porte qui conduisait à l'antichambre s'ouvrit avec un grand bruit. Je me levai épouvanté; le livre tomba de mes mains. Mais, au même instant, tout redevint tranquille, et j'eus honte de ma frayeur enfantine. Il se pouvait que le vent eût poussé cette porte ; ce n'était rien, moins que rien : je repris mon livre.

Tout à coup on s'avança doucement, lentement, et à pas comptés, à travers la salle ; on soupirait, on gémissait, et dans ces soupirs, dans ces gémissemens, se trouvait l'expression d'une douleur profonde. — Mais j'étais en garde contre moi-même. C'était sans doute quelque bête malade, laissée dans l'étage inférieur, et dont un effet d'acoustique me renvoyait la voix. — Je me rassurai ainsi, mais on se mit à gratter, et des soupirs plus distincts, plus profonds, exhalés comme dans les angoisses de la mort, se firent entendre du côté de la porte murée. — La pauvre bête était enfermée, j'allais frapper du pied, l'appeler, et sans doute elle allait garder le silence ou se faire entendre d'une façon plus distincte. — Je pensais ainsi, mais mon sang se figea dans mes veines, je restai pâle et tremblant sur mon siége, ne pouvant me lever, encore moins appeler à mon aide. Le sinistre grattement avait cessé, les pas s'étaient de nouveau fait entendre ; tout à coup la vie se réveilla en moi, je me levai et j'avançai deux pas. La lune jeta subitement une vive clarté, et me montra un homme pâle et grave, presque horrible à voir, et sa voix, qui semblait sortir du fond de la mer avec le bruit des vagues, fit entendre ces mots : — N'avance pas, n'avance pas, ou tu tombes dans l'enfer !

La porte se referma avec le même bruit qu'auparavant, j'entendis distinctement des pas dans l'antichambre. On descendait les degrés; la grande porte du château roula sur ses gonds et se referma bientôt; puis il se fit un bruit comme si on tirait un cheval de l'écurie, et qu'on l'y fît aussitôt rentrer, puis tout redevint calme. J'entendis alors mon oncle s'agiter et se plaindre dans la chambre voisine. Cette circonstance me rendit toute ma raison, je pris le flambeau, et j'accourus auprès de lui. Le vieillard semblait se débattre avec un rêve funeste.

— Réveillez-vous! Réveillez-vous! m'écriai-je en le tirant doucement et en laissant tomber sur son visage la clarté du flambeau. Mon oncle poussa un cri sourd, ouvrit les yeux, et me regarda d'un air amical. — Tu as bien fait de m'éveiller, neveu, dit-il: j'avais un mauvais rêve; c'est la salle voisine et cette chambre qui en sont causes, car elles m'ont rappelé des choses singulières qui s'y sont passées; mais, maintenant nous allons dormir bien tranquillement.

A ces mots, le vieillard se renfonça sous sa couverture, et parut se rendormir. Lorsque j'eus éteint les bougies, et que je fus dans mon lit, je l'entendis qui priait à voix basse.

## CHAPITRE IV.

---

Le lendemain, le travail commença. L'inspecteur du domaine vint avec ses comptes, et tous les gens qui avaient des démêlés à faire vider, ou des affaires à régler, arrivèrent au château. Dans l'après-midi, le grand-oncle m'emmena chez les deux vieilles baronnes, pour leur présenter nos hommages dans toutes les règles. François nous annonça : nous attendîmes quelque temps, et une petite maman courbée et vêtue de soie, qui se donnait le titre de femme de chambre de leurs Grâces, nous introduisit dans le sanctuaire. Nous y fûmes reçus avec un cérémonial comique par deux vieilles dames, costumées à la mode la plus gothique. J'excitai tout particulièrement leur surprise, lorsque mon oncle m'eut présenté comme un avocat qui venait l'assister; et je lus fort distinctement dans leurs traits qu'elles regardaient les affaires des vassaux de R...bourg comme fort hasardées en mes jeunes mains.

En général, toute cette visite chez les deux vieilles dames eut quelque chose de ridicule, mais l'effroi de la nuit passée régnait encore dans mon âme, et je ne sais comment il advint que les deux vieilles baronnesses, avec leurs hautes et bizarres frisures, les rubans et les fleurs dont elles étaient attifées, me parurent effrayantes et presque surnaturelles. Je m'efforçai de lire sur leurs visages jaunes et flétris, dans leurs yeux creux et étincelans, sur leurs lèvres bleues et pincées, qu'elles vivaient en bonne intelligence avec les spectres du château, et qu'elles se livraient peut-être aussi à des pratiques mystérieuses. Le grand-oncle, toujours jovial, engagea ironiquement les deux dames dans une conversation si embrouillée, que, dans une toute autre disposition que celle où je me trouvais, j'eusse été fort embarrassé de réprimer un sourire.

Quand nous nous retrouvâmes seuls dans notre appartement, mon oncle me dit : — Mais, neveu, au nom du ciel, qu'as-tu donc? Tu ne parles pas, tu ne manges pas, tu ne bois pas. Es-tu malade, ou te manque-t-il quelque chose?

Je n'hésitai pas à lui raconter alors fort au long tout ce que j'avais ouï d'horrible dans la nuit. Je n'omis rien, pas même que j'avais bu beaucoup de punch, et que j'avais lu le *Visionnaire* de Schiller. — Je pense donc, ajoutai-je, que mon esprit échauffé a créé toutes ces apparitions qui n'existent qu'entre les parois de mon cerveau.

Je croyais que mon grand-oncle allait se livrer à quelque folle plaisanterie sur mes apparitions, mais nullement; il devint fort grave, regarda long-temps le parquet, leva les yeux au plafond, et me dit, l'œil animé d'un regard étincelant:
— Je ne connais pas ton livre, neveu; mais ce n'est ni à lui ni au punch que tu dois cette aventure. Sache donc que j'ai rêvé moi-même tout ce que tu as vu. J'étais

assis comme toi (dans mon rêve s'entend) sur le fauteuil, devant la cheminée où j'avais la même vision. J'ai vu entrer cet être étrange, je l'ai vu se glisser vers la porte murée, gratter la muraille avec tant de désespoir, que le sang jaillissait de ses ongles; puis descendre, tirer un cheval de l'écurie et l'y ramener. As-tu entendu un coq qui chantait à quelque distance dans le village? C'est en ce moment que tu vins me réveiller.

Le vieillard se tut, et je n'eus pas la force de l'interroger davantage.

Après un moment de silence, durant lequel il réfléchit profondément, mon oncle me dit : — As-tu assez de courage pour affronter encore cette apparition, et avec moi?

Je lui répondis que j'étais prêt à tout.

— La nuit prochaine, dit-il, nous veillerons donc ensemble.

La journée s'était passée en maintes occupations, et le soir était venu. François avait, comme la veille, préparé le souper et apporté le punch. La lune brillait au milieu des nuages argentés, la mer mugissait avec violence, et le vent faisait résonner les vitraux. Nous nous efforçâmes de parler de matières indifférentes. Le grand-oncle avait placé sur la table sa montre à répétition. Elle sonna minuit. En même temps, la porte s'ouvrit avec le même bruit que la veille, des pas mesurés retentirent dans la première salle; les soupirs et les grattemens se firent entendre.

Mon oncle pâlit, mais ses yeux brillaient d'un feu inaccoutumé; il se leva de son fauteuil, et se redressa de toute sa haute stature, le bras droit étendu devant lui. Cependant les soupirs et les gémissemens augmentaient, et on se mit à gratter le mur avec plus de violence que la veille. Le vieillard se dirigea droit vers la porte murée, et d'un pas si assuré que le parquet en trembla. Arrivé à la place où le grattement se faisait entendre, il s'arrêta et s'écria d'une voix forte et solennelle : — Daniel! Daniel! Que fais-tu ici à cette heure?

Un cri terrible lui répondit, et fut suivi d'un bruit sourd, semblable à celui que produit la chute d'un corps pesant.

— Cherche grâce et miséricorde devant le trône de l'Éternel! Sors de ce monde auquel tu ne peux plus appartenir! s'écria le vieillard d'une voix plus forte encore.

On entendit un léger murmure. Mon oncle s'approcha de la porte de la salle, et la ferma si violemment, que toute l'aile du château en retentit. Lorsqu'il se remit sur son fauteuil, son regard était éclairci. Il joignit les mains et pria intérieurement. J'étais resté pétrifié, saisi d'une sainte horreur, et je le regardais fixement. Il se releva après quelques instans, me serra dans ses bras, et me dit doucement : — Allons, mon neveu, allons dormir.

## CHAPITRE V.

Enfin, après quelques jours, le baron arriva, avec sa femme et une suite nombreuse; les convives affluèrent, et la joyeuse vie que mon oncle m'avait dépeinte commença dans le château.

Lorsque le baron vint, dès son arrivée, nous visiter dans notre salle, il parut fort surpris de notre changement de résidence, jeta un sombre regard sur la porte murée, et passa sa main sur son front, comme pour écarter un fâcheux souvenir. Le grand-oncle parla de l'écroulement de la salle d'audience. Le baron blâma François de ne nous avoir pas mieux logés, et invita avec bonté le vieil avocat à se faire donner tout ce qui pouvait contribuer à sa commodité. En général, la manière d'être du baron avec mon grand-oncle n'était pas seulement cordiale; il s'y mêlait une sorte de respect, que je m'expliquai par la différence des âges : mais ce fut là tout ce qui me plut dans les façons du baron, qui étaient rudes et hautaines. Il ne fit aucune attention à moi, et me traita comme un simple écrivain. La première fois que je rédigeai un acte, il le trouva mal conçu, et s'exprima sans détour. Mon sang bouillonna, et je fus sur le point de répondre avec aigreur, lorsque mon oncle, prenant la parole, assura que tout ce que je faisais était parfaitement en règle.

Lorsque nous fûmes seuls, je me plaignis vivement du baron, dont les manières me repoussaient de plus en plus. — Crois-moi, neveu, me répondit-il : en dépit de ses manières, le baron est le meilleur des hommes; ces façons ne lui sont venues, comme je te l'ai déjà dit, que depuis qu'il est seigneur du majorat; autrefois c'était un jeune homme doux, modeste. Au reste, il n'est pas aussi rude que tu le fais, et je voudrais bien savoir pourquoi il te déplaît autant ?

En disant ces mots, mon oncle sourit ironiquement, et le sang me monta au visage. En m'examinant bien, je ne pouvais me cacher que cette haine venait de l'amour ou plutôt de l'admiration que je portais à une créature qui me semblait la plus ravissante de celles que j'eusse jamais rencontrées sur la terre. Cette personne n'était autre que la baronne elle-même. Dès son arrivée, dès qu'elle avait traversé les appartemens, enveloppée dans une pelisse de martre russe, qui serrait étroitement sa taille, la tête couverte d'un riche voile, elle avait produit sur mon âme l'impression la plus profonde. La présence même des deux vieilles tantes, vêtues plus bizarrement que jamais, avec de grandes fontanges, la saluant cérémonieusement à force de complimens en mauvais français, auxquels la baronne répondait par quelques mots allemands, tandis qu'elle s'adressait à ses gens en pur dialecte courlandais, tout donnait à son apparition un aspect encore plus piquant. Elle me semblait un ange de lumière, dont la venue devait chasser les esprits de la nuit.

L'image de cette femme charmante était sans cesse devant mes yeux. Elle avait à peine dix-neuf ans. Son visage, aussi délicat que sa taille, portait l'empreinte de la bonté, mais c'était surtout dans le regard de ses yeux noirs que régnait un charme indéfinissable : un rayon humide s'y balançait, comme l'expression d'un douloureux désir. Souvent elle était perdue en elle-même, et de sombres nuages rembrunissaient ses traits. Elle semblait prévoir un avenir sinistre, et sa mélancolie la rendait encore plus belle.

Le lendemain de l'arrivée du baron, la société se rassembla pour déjeuner. Mon oncle me présenta à la baronne, et, dans mon trouble, je me comportai d'une manière si gauche, que les vieilles tantes attribuèrent mon embarras au profond respect que je portais à la châtelaine, et me firent mille caresses. Mais je ne voyais, je n'entendais que la baronne, et cependant je savais qu'il était aussi impossible de songer à mener une intrigue d'amour, que d'aimer, comme un écolier ou comme un berger transi, une femme à la possession de laquelle je devais à jamais renoncer. Puiser l'amour dans ses regards, écouter sa voix séduisante, et puis, loin d'elle, porter toujours son image dans mon cœur, c'est ce que je ne voulais et que je ne pouvais pas faire. J'y songeai tout le jour, la nuit entière, et dans mes extases, je m'écriais en soupirant : — Séraphine! Séraphine! Mes transports furent si vifs que mon oncle s'éveilla.

— Neveu! me cria-t-il, je crois que tu rêves à haute voix. Dans le jour, tant qu'il te plaira ; mais la nuit, laisse-moi dormir.

Je ne fus pas peu embarrassé d'avoir laissé échapper ce nom devant mon grand-oncle, qui avait bien remarqué mon trouble à l'arrivée de la baronne. Je craignais qu'il ne me poursuivît de ses sarcasmes ; mais le lendemain, en entrant dans la salle d'audience, il ne me dit que ces mots : — Que Dieu donne à chacun le bon sens de se conserver à sa place !

Puis il s'assit à la grande table, et ajouta : — Neveu, écris bien distinctement pour que je ne sois pas arrêté court en lisant tes actes.

## CHAPITRE VI.

———

L'ESTIME et le respect que le baron portait à mon vieux grand-oncle se montraient en toutes choses. C'est ainsi qu'il le forçait toujours de prendre la place d'honneur auprès de la baronne. Pour moi, j'occupais tantôt une place, tantôt une autre, et d'ordinaire quelques officiers de la ville voisine s'attachaient à moi pour boire et jaser ensemble.

Durant quelques jours je me trouvai de la sorte fort éloigné de la baronne, jusqu'à ce qu'enfin le hasard me rapprocha d'elle. Au moment où les portes de la salle à manger s'étaient ouvertes, la demoiselle de compagnie de la baronne, qui ne manquait ni de beauté ni d'esprit, se trouvait engagée avec moi dans une conversation qui semblait lui plaire. Conformément à l'usage, je lui donnai le bras, et je n'éprouvai pas peu de joie en la voyant prendre place auprès de la baronne qui lui lança un coup d'œil amical. On peut imaginer que tout ce que je dis pendant le repas, s'adressa moins à ma voisine qu'à sa maîtresse ; et soit que mon exaltation donnât un élan tout particulier à mes discours, soit que la demoiselle fût disposée à m'entendre, elle se plut sans cesse davantage aux récits merveilleux que je lui faisais. Bientôt notre entretien devint entièrement séparé de la conversation générale. Je remarquais avec plaisir que ma voisine jetait de temps en temps des regards d'intelligence à la baronne, qui s'efforçait de nous entendre. Son attention semblait surtout redoubler lorsque je parlais de musique avec l'enthousiasme que m'inspire cet art sacré; et elle fit un mouvement, lorsqu'il m'échappa de dire qu'au milieu des tristes occupations du barreau, je trouvais encore quelques momens pour jouer de la flûte.

On s'était levé de table, et le café avait été servi dans le salon. Je me trouvai, sans y prendre garde, debout auprès de la baronne qui causait avec sa demoiselle de compagnie. Elle s'adressa aussitôt à moi, et me demanda, d'un ton plus familier que celui qu'on prend avec une simple connaissance, si je me plaisais dans le vieux château. Je lui répondis que la solitude où nous nous étions trouvés pendant les premiers instans de notre séjour avait produit sur moi une profonde impression, que depuis son arrivée je me trouvais fort heureux, mais que je désirais vivement être dispensé d'assister aux grandes chasses qui se préparaient et auxquelles je n'étais pas habitué.

La baronne se mit à sourire et me dit : — Je pense bien que ces grandes courses dans nos forêts de pins ne vous séduisent guère. Vous êtes musicien, et si tout ne me trompe pas, vous êtes poète aussi. J'aime ces deux arts avec passion : je joue moi-même un peu de la harpe ; mais à R...bourg, il faut que je me prive de ce délassement, car mon mari ne veut pas que j'apporte cet instrument dont les sons délicats s'accorderaient peu avec le bruit des cors de chasse et les cris des chiens. Oh! mon Dieu, que la musique me rendrait heureuse ici!

Je lui dis que je ferais tous mes efforts pour contenter son envie, ne doutant pas qu'on trouverait quelque instrument au château, ne fût-ce qu'un mauvais piano.

Mademoiselle Adelaïde, la demoiselle de compagnie de la baronne, se mit à rire, et me demanda si je ne savais pas que, de mémoire d'homme, on n'avait entendu dans le château, excepté les trompettes et les cors des chasseurs, que les violons enrhumés, les basses discordantes, et les hautbois criards de quelques musiciens ambulans. La baronne exprima de nouveau le vif désir de m'entendre faire de la musique;

et, toutes deux, elle et Adelaïde, proposèrent mille expédiens pour se procurer un forté-piano.

En ce moment, le vieux François traversa la salle.

— Voilà celui qui sait conseil à tout, qui procure tout, même ce qui est inouï et impossible! A ces mots, mademoiselle Adelaïde l'appela; et tandis qu'elle cherchait à lui faire comprendre de quoi il était question, la baronne écoutait, les mains jointes, la tête penchée en avant, regardant le vieux domestique avec un doux sourire. Elle ressemblait à un enfant qui voudrait déjà avoir dans ses mains le jouet qu'il désire.

François, après avoir exposé, à sa manière, plusieurs causes qui semblaient s'opposer invinciblement à ce qu'on se procurât, dans un bref délai, un instrument aussi rare, finit par se gratter le front, en disant: — Mais il y a dans le village la femme de l'inspecteur, qui tape, avec diablement d'adresse, sur une petite orgue, tantôt à vous faire pleurer, et tantôt à vous donner envie de danser une courante.....

— Elle a un piano! s'écria Adelaïde en l'interrompant.

— Ah! sans doute, c'est cela, dit François; il lui est venu de Dresde un.....

— Oh! c'est merveilleux, s'écria la baronne.

— Un bel instrument! s'écria le vieux François; mais un peu faible, car lorsque l'organiste a voulu jouer dessus, le cantique : *Toutes mes volontés sont dans ta main, Seigneur*, il l'a mis tout en pièces; de manière...

— Oh! mon Dieu! s'écrièrent à la fois la baronne et Adelaïde.

— De manière, continua François,

qu'il en a coûté beaucoup d'argent pour l'envoyer réparer à R.....

— Mais il est revenu? demanda Adelaïde avec impatience.

— Eh! sans doute, mademoiselle; et l'inspectrice se fera un honneur de.....

Le baron vint à passer en cet instant; il regarda notre groupe d'un air surpris, et dit en souriant avec ironie à la baronne : — François vient-il de nouveau de donner quelque bon conseil?

La baronne baissa les yeux en rougissant, et le vieux domestique se recula avec effroi, la tête levée, et les bras pendans, dans une attitude militaire.

Les vieilles tantes se soulevèrent dans leurs jupes lourdes et étoffées, et enlevèrent la baronne. Mademoiselle Adelaïde la suivit. J'étais resté comme frappé par un enchantement; éperdu de délices de pouvoir approcher de celle qui ravissait tout mon être, et irrité contre le baron, qui me semblait un despote devant qui tout le monde tremblait.

— M'entends-tu, enfin? dit mon oncle en me frappant sur l'épaule. N'est-il pas temps de remonter dans notre appartement? Ne t'empresse pas ainsi auprès de la baronne, me dit-il, lorsque nous fûmes seuls ensemble : laisse cela aux jeunes fats; il n'en manque pas. Je lui racontai comme tout s'était passé, et je lui demandai si je méritais ses reproches. Il ne me répondit que : hem, hem! ôta sa robe de chambre, alluma sa pipe, se plaça dans son fauteuil, et se mit à me parler de la chasse de la veille, en se moquant de mon inhabileté à manier un fusil. Tout était devenu tranquille dans le château, et chacun retiré dans sa chambre s'occupait de sa toilette pour le soir; car les musiciens aux violons enrhumés, aux basses discordantes et aux hautbois criards, étaient arrivés, et il ne s'agissait de rien moins que d'un bal pour la nuit.

Mon grand-oncle préférait le sommeil à ces distractions bruyantes, et avait résolu de rester dans sa chambre. Pour moi, j'étais occupé à m'habiller, lorsqu'on vint frapper doucement à la porte. François parut, et m'annonça d'un air mystérieux que le clavecin de l'inspectrice était arrivé dans un traîneau, et qu'il avait été porté chez la baronne.

Mademoiselle Adelaïde me faisait prier de me rendre auprès de sa maîtresse.

## CHAPITRE VII.

Avec quels battemens de cœur, avec quels tressaillemens j'ouvris la chambre où je devais la trouver!

Mademoiselle Adelaïde vint joyeusement à ma rencontre. La baronne, déjà complètement habillée pour le bal, était assise d'un air rêveur devant la caisse mystérieuse où dormaient les sons que je devais éveiller. Elle se leva dans un tel éclat de beauté que je pus à peine respirer.

—Eh bien! Théodore... (Selon la bienveillante coutume du Nord qu'on retrouve au fond du Midi, elle nommait chacun par son prénom.) Eh bien! Théodore, me dit-elle, l'instrument est arrivé. Fasse le ciel qu'il ne soit pas tout-à-fait indigne de votre talent!

Dès que j'en ouvris la boîte, une multitude de cordes s'échappèrent, et au premier accord, toutes celles qui étaient restées tendues rendirent des sons d'une discordance effroyable.

— L'organiste a encore passé par là avec sa main délicate, dit mademoiselle Adelaïde en riant; mais la baronne, toute découragée, s'écria: — C'est cependant un grand malheur! Ah! ne dois-je donc avoir aucun plaisir ici?

Je cherchai dans la case de l'instrument, et je trouvai heureusement quelques rouleaux de cordes, mais pas une clef d'accordeur.

Nouvelles lamentations.

— Toute clef dont le tuyau pressera la cheville pourra servir, leur dis-je, et aussitôt la baronne et Adelaïde se mirent à courir de tous côtés. En un instant un magasin complet de clefs se trouva devant moi sur la table d'harmonie.

Je me mis alors activement à l'ouvrage. Mademoiselle Adelaïde et la baronne elle-même s'efforçaient de m'aider en essayant chaque clef tour à tour.

— En voici une qui s'ajuste! elle va, elle va bien! s'écrièrent-elles avec transport. Et la corde tendue jusqu'à l'accord pur se brisa avec bruit et les fit reculer avec effroi. La baronne reprit de ses doigts délicats le fil d'archal, le renoua, et me tendit complaisamment les rouleaux de cordes à mesure que je les développais. Tout à coup l'une d'elles s'échappa et se perdit à l'extrémité de la chambre; la baronne poussa un soupir d'impatience, Adélaïde courut en riant la chercher; et à nous trois, nous la rattachâmes pour la voir se briser encore. Mais enfin tous les numéros se trouvèrent, les cordes furent attachées, et les sons maigres et confus commencèrent à se régler et à se changer en accords pleins et harmonieux.

— Nous avons réussi! l'instrument est d'accord! me dit la baronne avec un doux sourire.

Que cette peine prise en commun effaça promptement entre nous la timidité et la gêne des convenances! une confiance familière s'établit aussitôt et dissipa l'embarras qui m'accablait comme un fardeau pesant. Le pathos qui accompagne d'ordinaire l'amour timide était déjà loin de moi, et lorsqu'enfin le piano-forté se trouva d'accord, au lieu, comme je me l'étais promis, d'exprimer ce que j'éprouvais par des improvisations, je me mis à exécuter des canzonnettes italiennes. Tandis que je répétais mille fois *senza dite, sentimi idol mio* et *morir mi sento*, les regards de Séraphine s'animaient de plus en plus. Elle s'était assise tout près de moi, et je sentais son haleine se jouer sur ma joue. Elle se tenait le bras appuyé sur le dossier de mon fauteuil, et un ruban blanc, qui se détacha de sa coiffure de bal, tomba sur mon épaule, et flotta quelque temps balancé par ses doux soupirs.

Je m'étonne encore d'avoir pu conserver ma raison !

Lorsque je m'arrêtai en essayant quelques accords pour chercher un nouveau motif, Adelaïde, qui était assise dans un coin de la chambre, vint s'agenouiller devant la baronne; et prenant ses deux mains, elle les pressa dans les siennes, en disant : — O ma chère baronne! Séraphine, chantez aussi, de grâce!

La baronne répondit : — A quoi penses-tu donc, Adelaïde? Comment, tu veux que je me fasse entendre après notre virtuose!

C'était un tableau ravissant que de la voir semblable à un enfant honteux, les yeux baissés, rougissant, et combattue tout à la fois par l'embarras et le désir.

Je la suppliai à mon tour; et lorsqu'elle eut parlé des chansons courlandaises, les seules qu'elle sût, dit-elle, je ne lui laissai de repos que lorsqu'elle eut promené sa main gauche sur le clavier, comme par manière d'introduction. Je voulus lui céder ma place ; elle s'y refusa absolument, en disant qu'elle n'était pas en état de produire un seul accord. Je restai. Elle commença d'une voix pure et argentine, qui retentissait comme les accens du cœur. C'était une mélodie simple, portant tout-à-fait le caractère de ces chants populaires qui pénètrent si profondément dans l'âme, qu'en les entendant on ne peut méconnaître la haute nature poétique de l'homme. Il se trouve un charme plein de mystère dans les paroles insignifiantes de ces textes, qui sont en quelque sorte l'hiéroglyphe des sentimens qu'on ne peut exprimer. Qui ne pense avec bonheur à ces canzonnettes espagnoles, dont les paroles n'ont guère plus d'art que celle-ci :

Je m'embarquai sur la mer avec
» celle que j'aime; l'orage nous surprit,
» et celle que j'aime se balançait avec
» effroi. Non ! jamais plus je ne m'em-
» barquerai sur la mer avec celle que
» j'aime. »

La chansonnette de la baronne ne disait rien de plus que : « Quand j'étais » jeune, je dansai à la noce avec mon » trésor, » et une fleur tomba de ses cheveux. Je la relevai et la lui rendis en disant : « Eh bien, mon trésor, quand » reviendrons-nous à la noce ? » Lorsque j'accompagnai, par des harpéges, la seconde strophe de cette chanson, et que dans mon ravissement j'en devinai la mélodie sur les lèvres de Séraphine, je passai à ses yeux et à ceux d'Adelaïde pour un grand maître, et elles m'accablèrent d'éloges.

L'éclat des lumières de la salle du bal

se répandait jusque sur les fenêtres de la chambre de la baronne, et un affreux bruit de trompettes et de hautbois nous annonça qu'il était temps de nous séparer.

— Hélas! il faut que je m'éloigne, dit Séraphine. Je me levai aussitôt.

— Vous m'avez procuré les plus heureux momens que j'aie jamais passés à R...bourg, me dit-elle. A ces mots elle me tendit la main. Dans mon ivresse, je la portai à mes lèvres, et je sentis tous les nerfs de ses doigts trembler sous mes baisers!

Je ne sais pas comment je pus arriver jusqu'à la salle du bal. Un Gascon disait qu'il craignait les batailles, parce que chaque blessure lui serait mortelle, lui qui n'était que cœur de la tête aux pieds. J'étais exactement comme disait ce Gascon; un attouchement me tuait. La main de Séraphine, ses doigts tremblans avaient pénétré en moi comme des flèches empoisonnées. Mon sang brûlait dans mes artères !

---

## CHAPITRE VIII.

———

Sans précisément m'interroger, le grand-oncle fit si bien le lendemain, que je lui racontai l'histoire de la veille. Alors quittant l'air riant qu'il avait pris d'abord, il me dit du ton le plus grave : — Je t'en prie, mon neveu, résiste à la folie qui s'est emparée si puissamment de toi. Sais-tu bien que tes galanteries peuvent avoir des suites épouvantables! Tu marches comme un insensé sur une glace fragile qui se brisera sous tes pas. Tu t'engloutiras; et je me garderai de te prêter la main pour te secourir, je t'en préviens. Que le diable emporte ta musique, si tu ne sais pas l'employer à autre chose qu'à troubler le repos d'une femme paisible!

— Mais, répondis-je, pensez-vous donc que je songe à me faire aimer de la baronne?

— Singe que tu es! Si je le pensais, je te jetterais par cette fenêtre!

Le baron interrompit ce pénible colloque, et les affaires m'arrachèrent à mes rêveries. Dans le salon, la baronne m'adressait seulement quelques mots, mais il ne se passait pas de soirée sans que je reçusse un message de mademoiselle Adelaïde, qui m'appelait auprès de Séraphine. Nous passions souvent le temps à nous entretenir de différens sujets entre les intervalles de la musique, et Adelaïde avait soin de débiter mille folies, lorsqu'elle nous voyait nous plonger dans des rêveries sentimentales. Je me convainquis dans ces entrevues, que la baronne avait dans l'âme quelque chose d'extraordinaire, un sentiment funeste qu'elle ne pouvait surmonter, ni dissimuler.

Un jour, la baronne ne parut pas à table; on disait qu'elle était indisposée, et qu'elle gardait la chambre. On demanda avec intérêt au baron si l'indisposition de sa femme était grave. Il se mit à rire d'une manière singulière, et répondit :— C'est un léger rhume que lui a causé l'air de la mer, qui n'épargne guère les douces voix, et qui ne souffre d'autres concerts que les fanfares de chasse. A ces mots, le baron me jeta un regard irrité. C'était évidemment à moi que s'adressaient ses paroles. Adelaïde, qui était assise auprès de moi, rougit extrêmement, et me dit à voix basse, sans lever la tête : — Vous verrez encore aujourd'hui Séraphine, et vos chants adouciront ses maux.

Les paroles d'Adelaïde me frappèrent en ce moment; il me sembla que j'avais une secrète intrigue d'amour qui ne pourrait se terminer que par un crime. Les avertissemens de mon grand-oncle revinrent à ma pensée. Que devais-je faire ? Cesser de la voir; cela ne se pouvait pas, tant que je resterais au château, et je ne pouvais le quitter tout à coup. Hélas! je ne sentais que trop que je n'étais pas assez fort pour m'arracher au rêve qui me berçait des joie ineffables. Adelaïde me semblait presque une vulgaire entremetteuse, je voulais la mépriser; et cependant je ne le pouvais pas. Qu'y avait-il donc de coupable entre Séraphine et moi? Le repas s'acheva promptement, parce qu'on voulait chasser des loups qui s'étaient montrés dans les bois voisins. La chasse convenait parfaitement à la disposition d'esprit où je me trouvais, et je déclarai à mon oncle que j'allais me mettre de la partie.

— C'est bien, me dit-il en riant; j'aime à te voir ainsi. Je reste, moi; tu peux prendre mon fusil et mon couteau de chasse, c'est une arme sûre dont on a quelquefois besoin.

La partie du bois où les loups devaient se trouver, fut cernée par les chasseurs. Le froid était excessif, le vent sifflait à travers les pins, et me poussait la neige au visage; je voyais à peine à six pas. Je quittai presque glacé la place que j'avais choisie, et je cherchai un abri dans le bois. Là je m'appuyai contre un arbre, mon fusil sous le bras. Bientôt j'oubliai la chasse; mes pensées me transportaient dans la chambre de Séraphine. Des coups de feu se firent entendre, et un loup d'une taille énorme parut devant moi; je tirai. J'avais manqué l'animal, qui se précipita sur moi, les yeux étincelans. J'étais perdu; j'eus heureusement assez de sang-froid pour tirer mon couteau et le présenter au gosier de mon féroce ennemi. En un clin-d'œil, je fus couvert de sang.

Un des gardes du baron accourut vers moi en criant, et bientôt tous les autres chasseurs se rassemblèrent autour de nous. Le baron accourut aussi. — Au nom du ciel, vous saignez! me dit-il, vous êtes blessé.

J'assurai que je ne l'étais pas. Le baron s'adressa alors au chasseur qui était arrivé le premier, et l'accabla de reproches pour n'avoir pas tiré dès que j'avais manqué; et, bien que celui-ci s'excusât sur la rapidité de la course du loup qu'il n'avait pu suivre, le baron ne laissa pas que de s'emporter contre lui. Cependant les chasseurs avaient relevé le loup mort. C'était un des plus grands animaux de son espèce, et l'on admira généralement mon courage et ma fermeté, bien que ma conduite me parût fort naturelle, et que je n'eusse nullement songé au danger que je courais. Le baron surtout me témoigna un intérêt extrême, et il ne pouvait se lasser de me demander les détails de cet événement. On revint au château, le baron me tenait amicalement sous le bras. Il avait donné mon fusil à porter à un de ses gardes. Il parlait sans cesse de mon action héroïque, si bien que je finis par croire moi-même à mon héroïsme; et, perdant toute modestie, je pris sans façon l'attitude d'un homme de courage et de résolution.

Dans le château, au coin du feu, près d'un bowl de punch fumant, je fus encore le héros du jour; car le baron seul avait tué un loup, et tous les autres chasseurs se virent forcés d'attribuer leurs mésaventures à l'obscurité et à la neige.

Je m'attendais aussi à recevoir des louanges de mon grand-oncle, et dans cette attente, je lui racontai mon aventure d'une façon passablement prolixe, n'oubliant pas de peindre avec de vives couleurs l'air féroce et sanguinaire du loup affamé; mais mon grand-oncle se mit à me rire au nez, et me dit : —Dieu est fort dans les faibles !

## CHAPITRE IX.

Lorsque fatigué de boire et de parler je me dirigeai vers mon appartement, je vis comme une figure légère qui s'avançait de ce côté, une lumière à la main ; en approchant, je reconnus mademoiselle Adelaïde.

— Ne faut-il pas errer comme un revenant pour vous rencontrer, mon brave chasseur de loups? me dit-elle à voix basse, en saisissant ma main.

Ce mot de revenant, prononcé en ce lieu (nous nous trouvions dans la salle d'audience), me fit tressaillir. Il me rappela la terrible nuit que j'y avais passée, et ce soir encore, le vent de la mer gémissait comme les tuyaux d'un orgue, les vitraux tremblaient avec bruit, et la lune jetait sur les dalles une clarté blafarde. Mademoiselle Adélaïde, qui tenait ma main, sentit le froid glacial qui se glissait en moi.

— Qu'avez-vous donc? me dit-elle, vous tremblez? — Allons, je vais vous rappeler à la vie. Savez-vous bien que la baronne ne peut pas attendre le moment de vous voir? Elle ne veut pas croire que le loup ne vous a pas croqué, et elle se tourmente d'une manière incroyable. — Eh! mon jeune ami, qu'avez-vous donc fait à Séraphine? Jamais je ne l'avais vue ainsi. — Ah! comme votre pouls bat maintenant; comme ce beau jeune homme, qui semblait mort, se réveille tout-à-coup! — Allons, venez bien doucement, nous allons chez la baronne.

Je me laissai entraîner en silence. La manière dont Adelaïde parlait de la baronne me semblait indigne d'elle, et j'étais furieux contre notre prétendue confidente. Lorsque j'entrai avec Adelaïde, la baronne fit trois ou quatre pas au-devant de moi, en poussant un cri de satisfaction, puis elle s'arrêta tout-à-coup au milieu de la chambre. J'osai prendre sa main et la baiser. La baronne la laissa reposer dans les miennes et me dit : — Mais, mon Dieu, est-ce donc votre affaire d'aller combattre les loups?

Ne savez-vous pas que les temps fabuleux d'Orphée et d'Amphion sont dès long-temps passés, et que les bêtes féroces ont perdu tout respect pour les bons musiciens?

Cette tournure plaisante que la baronne donna au vif intérêt qu'elle m'avait témoigné, me rappela aussitôt au ton convenable, que je pris avec tact. Je ne sais toutefois comment il se fit qu'au lieu d'aller m'asseoir devant le piano, comme d'ordinaire, je pris place sur le canapé, auprès de la baronne.

Ces paroles qu'elle me dit : Et comment vous êtes-vous tiré de ce danger? éloignèrent toute idée de musique. Lorsque je lui eus raconté mon aventure dans le bois, et parlé de l'intérêt que le baron m'avait témoigné, elle s'écria, avec un accent presque douloureux : — Oh! que le baron doit vous paraître rude et emporté! Mais croyez-moi, ce n'est que

dans ce château inhospitalier, au milieu de ces forêts, qu'il se montre si fougueux et si sombre. Une pensée l'occupe sans cesse, il est persuadé qu'il doit arriver ici un événement funeste ; aussi votre aventure l'a-t-elle fortement frappé. Il ne voudrait pas voir le dernier de ses domestiques exposé au danger, encore moins un ami, et je sais que Gottlieb, qui n'est pas venu à votre secours, subira tout au moins la punition la plus humiliante pour un chasseur, et qu'on le verra, à la prochaine chasse, à pied derrière les autres, avec un bâton à la main au lieu de fusil. Cette idée des dangers que court sans cesse le baron à la chasse, trouble tous mes instans. C'est défier le démon. On raconte déjà tant de choses sinistres sur ce château, et sur notre aïeul qui a fondé le majorat!
— Et moi, que n'ai-je pas à souffrir dans ma solitude! toujours abandonnée

dans ce château où le peuple croit voir des apparitions ! Vous seul, mon ami, dans ce séjour, vous m'avez procuré, par votre art, quelques instans de bonheur !

Je parlai alors à la baronne de l'impression singulière que j'avais ressentie à mon arrivée au château, et soit que ma physionomie en dît plus que mes paroles, elle insista pour apprendre tout ce que j'avais éprouvé. Durant mon récit, elle joignit plusieurs fois les mains avec horreur. Elle m'écoutait avec un effroi toujours croissant; lorsque enfin je lui parlai du singulier grattement qui s'était fait entendre, et de la manière dont mon oncle l'avait fait cesser la nuit suivante, elle poussa un cri de terreur, se rejeta en arrière, et se cacha le visage de ses deux mains. Je remarquai alors qu'Adelaïde nous avait quittés. Mon récit était déjà terminé depuis quelque temps. Séraphine gardait toujours le silence, le visage caché dans ses mains. Je me levai doucement; et, m'approchant du piano, je m'efforçai de calmer, par mes accords, son esprit que j'avais fait passer dans l'empire des ombres. Je préludai faiblement par une cantate sacrée de l'abbé Steffani. Les notes plaintives du : *Ochi, perchè piangete ?* tirèrent Séraphine de ses sombres rêveries, elle m'écouta en souriant, les yeux remplis de larmes brillantes. — Comment se fit-il que je m'agenouillai devant elle, qu'elle se pencha vers moi, que je la ceignis dans mes bras, et qu'un long baiser ardent brûla sur mes lèvres ? — Comment ne perdis-je pas mes sens en la sentant se presser doucement contre moi ? — Comment eus-je le courage de la laisser sortir de mes bras, de m'éloigner et de me remettre au piano ? La baronne fit quelques pas vers la fenêtre, se retourna et s'approcha de moi avec un maintien presque orgueilleux, que je ne lui connaissais pas.

Elle me regarda fixement et me dit : — Votre oncle est le plus vénérable vieillard que je connaisse. C'est le génie protecteur de notre famille !

Je ne répondis rien. Son baiser circulait dans toutes mes veines. Adelaïde entra, — la lutte que je soutenais avec moi-même se termina par un déluge de larmes que je ne pus retenir. Adelaïde me regarda d'un air étonné et en riant d'un air équivoque; — j'aurais pu l'assassiner !

Séraphine me tendit la main et me dit avec une douceur inexprimable : — Adieu, mon ami ! adieu. N'oubliez pas que personne n'a jamais mieux compris que moi votre musique.

Ces paroles retentiront long-temps dans mon âme! Je murmurai quelques mots confus, et je courus à ma chambre.

## CHAPITRE X.

———

Mon oncle était déjà plongé dans le sommeil. Je restai dans la grande salle, je tombai sur mes genoux, je pleurai hautement, j'appelai Séraphine, — bref, je m'abandonnai à toutes les extravagances d'un délire amoureux, et je ne revins à moi qu'en entendant mon oncle qui me criait : — Neveu, je crois que tu es fou, ou bien te bas-tu encore avec un loup?

Je rentrai dans la chambre, et je me couchai avec la ferme résolution de ne rêver que de Séraphine. Il était minuit à peu près, et j'étais à peine dans le premier sommeil, lorsqu'un bruit de portes et de voix éloignées me réveilla brusquement. J'écoutai, les pas se rapprochaient, la porte de la salle s'ouvrit, et bientôt on frappa à celle de notre chambre.

— Qui est là? m'écriai-je.

Une voix du dehors répondit: — M. le justicier, M. le justicier, levez-vous, levez-vous!

Je reconnus la voix de François, et je lui demandai : — Le feu est-il au château?

Mon grand-oncle se réveilla à ces

mots, et s'écria : — Où est le feu ? ou bien est-ce encore une de ces maudites apparitions ?

— Ah! M. le justicier, levez-vous, dit François; levez-vous, M. le baron demande à vous voir!

— Que me veut le baron à cette heure? répondit mon oncle. Ne sait-il pas que la justice se couche avec le justicier, et qu'elle dort aussi bien que lui?

— Ah! M. le justicier, s'écria François avec inquiétude, levez-vous toujours, madame la baronne est bien malade.

Je poussai un cri de terreur.

— Ouvre la porte à François! me cria mon oncle. Je me levai en chancelant, et j'errai dans la chambre sans trouver la porte. Il fallut que mon oncle m'assistât. François entra pâle et défait, et alluma les bougies. A peine étions-nous habillés que nous entendîmes la voix du baron qui criait dans la salle : — Puis-je vous parler, mon cher V*** ?

— Pourquoi t'es-tu habillé, neveu ? le baron ne demande que moi, dit le vieillard au moment de sortir.

— Il faut que je descende, — que je la voie, et puis que je meure, dis-je d'une voix sourde.

— Ah! ah! tu as raison, mon neveu! En disant ces mots, le vieillard me repoussa si violemment la porte au visage, que les gonds en retentirent, et il la ferma extérieurement. Dans le premier instant de ma colère, j'essayai de la briser; mais réfléchissant aussitôt que ma fureur pourrait avoir les suites les plus funestes pour la baronne elle-même, je résolus d'attendre le retour de mon vieux parent. Je l'entendis parler avec chaleur au baron, j'entendis plusieurs fois prononcer mon nom, mais je ne pus rien comprendre. Ma situation me paraissait mortelle. Enfin j'entendis appeler le baron, qui s'éloigna aussitôt.

Mon oncle entra dans sa chambre.

— Elle est morte! m'écriai-je en me précipitant au-devant de lui.

— Et toi, tu es fou! me répondit-il en me prenant par le bras et me faisant asseoir dans un fauteuil.

— Il faut que je la voie! m'écriai-je, dût-il m'en coûter la vie!

— Vas-y donc, mon cher neveu, dit-il, en fermant sa porte et en mettant la clef dans sa poche. Ma fureur ne connut plus de bornes. Je pris un fusil chargé, et je m'écriai : — Je me chasse à vos yeux une balle à travers le crâne, si vous ne m'ouvrez cette porte!

Le vieillard s'approcha tout près de moi, et me mesurant d'un regard étincelant, me dit : — Crois-tu, pauvre garçon, que tes misérables menaces puissent m'effrayer? Crois-tu que ta vie ait quelque valeur à mes yeux, si tu la sacrifies pour une pitoyable folie? Qu'as-tu de commun avec la femme du baron? Qui t'a donné le droit d'aller t'emporter comme un fat importun là où l'on ne t'appelle pas, et où on ne souffrirait pas ta présence? Veux-tu jouer le berger amoureux, à l'heure solennelle de la mort?

Je retombai anéanti.

Le vieillard continua d'une voix radoucie : — Et afin que tu le saches, le prétendu danger que court la baronne n'est rien. Mademoiselle Adelaïde est hors d'elle-même, dès qu'une goutte d'eau lui tombe sur le nez, et elle crie alors : — Quel effroyable orage! Elle a mis l'alarme dans le château pour un évanouissement ordinaire. Heureusement les tantes sont arrivées avec un arsenal d'essences et d'élixirs, et tout est rentré dans l'ordre.

Mon oncle se tut ; il vit combien je combattais avec moi-même. Il se promena quelques momens dans sa chambre, s'arrêta devant moi, et me dit en riant : — Neveu ! neveu ! quelle folie fais-tu ici ?— Allons, c'est une fois ainsi. Le diable fait ici des siennes de toutes les façons, et c'est toi qui es tombé dans ses griffes.

Il fit encore quelques pas en long et en large, et reprit : — Il n'y a plus moyen de dormir maintenant, il faut fumer ma pipe pour passer le reste de la nuit.

A ces mots, mon grand-oncle prit une longue pipe de gypse, la remplit lentement en fredonnant une ariette, chercha au milieu de ses papiers une feuille qu'il plia soigneusement en forme d'allumette, et huma la flamme par de fortes aspirations. Chassant autour de lui d'épais nuages, il reprit entre ses dents :

— Eh bien! neveu, conte-moi encore un peu l'histoire du loup.

La tranquillité du vieillard produisit un singulier effet pour moi. Il me sembla que j'étais loin de R...bourg, bien loin de la baronne, et que mes pensées seules arrivaient jusqu'à elle. La dernière demande de mon oncle me chagrina.

— Mais, lui dis-je; trouvez-vous mon aventure si comique qu'elle prête à la raillerie?

— Nullement, répliqua-t-il, nullement, monsieur mon neveu; mais tu n'imagines pas la singulière figure que fait dans le monde un blanc-bec comme toi, quand le bon Dieu daigne lui laisser jouer un rôle qui ne soit pas ordinaire. — J'avais un camarade d'université qui était un homme tranquille et réfléchi. Le hasard le nicha dans une affaire d'honneur, et lui, que tous ses camarades regardaient comme un homme faible, et même comme un poltron, se conduisit en cette circonstance avec tant de courage, qu'il fut généralement admiré. Mais depuis ce temps il ne fut plus le même : du jeune homme simple et studieux, il advint un fanfaron et un fier-à-bras insupportable; et il fit si bien que le sénior d'une landsmanschaft[1], qu'il avait insulté de la manière la plus vulgaire, le tua en duel, au premier coup. — Je te raconte cela tout bonnement, neveu; c'est une historiette, tu en penseras ce que tu voudras.

On entendit marcher dans cette salle. Une voix perçante retentissait à mon oreille, et me criait : Elle est morte !

---

[1] Des associations se forment sous ce nom dans toutes les universités; le doyen, ou *sénior*, est chargé par ses camarades de les diriger.
*Trad.*

Cette pensée me frappa comme un éclair. Mon oncle se leva, et appela : François ! François !

— Oui, M. le justicier ! répondit-on en dehors.

— François, ranime un peu le feu dans la cheminée de la salle ; et, si c'est possible, fais-nous préparer deux tasses de thé.

— Il fait diablement froid, ajouta mon oncle en se tournant vers moi ; si nous allions causer auprès de l'autre cheminée ?

Il ouvrit la porte : je le suivis machinalement.

— Comment cela va-t-il en bas ? dit-il au vieux domestique.

— Ah ! ce n'est rien, répondit François ; Madame se trouve bien maintenant, et elle attribue son évanouissement à un mauvais rêve.

Je fus sur le point de bondir de joie.

Un regard sévère de mon oncle me rappela à moi-même.

— Au fond, dit-il, il vaudrait mieux nous remettre une couple d'heures sur l'oreiller. — Laisse là le thé, François!

— Comme vous l'ordonnerez, M. le justicier, répondit François ; et il quitta la salle en nous souhaitant une bonne nuit, bien qu'on entendît déjà le chant des coqs.

— Écoute, neveu, dit le grand-oncle en secouant sa pipe contre la cheminée, écoute : il est cependant heureux qu'il ne te soit pas arrivé de malheur avec les loups et les fusils chargés!

Je le compris; et j'eus honte de lui avoir donné lieu de me traiter comme un enfant.

## CHAPITRE XI.

—

— Aie la bonté de descendre et de t'informer de la santé de la baronne, me dit le lendemain mon oncle. Tu peux toujours aller trouver mademoiselle Adelaïde ; elle ne manquera pas de te donner un ample bulletin.

On pense bien que je ne me fis pas prier. Mais au moment où je me disposais à frapper doucement à la porte de l'appartement de Séraphine, le baron se présenta tout à coup devant moi. Il parut surpris, et m'examina d'un regard perçant.

— Que voulez-vous ici? Ce furent les premières paroles qu'il me fit entendre. Bien que le cœur me battît violemment, je me remis un peu et lui répondis d'un ton ferme : — Je remplis un message de mon oncle, en m'informant de la santé de madame la baronne.

— Oh! ce n'est rien. — Rien, que son attaque de nerfs ordinaire. Elle repose doucement, et elle paraîtra à table aujourd'hui! — Dites cela à votre oncle! — Dites-lui cela!

Le baron prononça ces mots avec une certaine violence qui me fit croire qu'il était plus inquiet de la baronne qu'il ne voulait le paraître. Je me tournais pour m'éloigner, lorsque le baron m'arrêta tout à coup par le bras, et s'écria d'un air irrité : — J'ai à vous parler, jeune homme !

Je voyais devant moi l'époux offensé qui me préparait un châtiment terrible, et j'étais sans armes. Mais en ce moment, je m'avisai que j'avais dans ma poche un couteau de chasseur, dont mon grand-oncle m'avait fait présent au moment de partir pour R...bourg. Je suivis alors le baron, qui marchait rapidement devant moi, et je résolus de n'épargner la vie de personne, si je devais essuyer quelque outrage.

Nous étions arrivés dans la chambre du baron. Il en ferma soigneusement la porte, puis se promena quelque temps les bras croisés, et revint devant moi, en répétant : — J'ai à vous parler, jeune homme !

Le courage m'était revenu, et je lui répondis d'un ton élevé : — J'espère que ce seront des paroles qu'il me sera permis d'entendre !

Le baron me regarda d'un air étonné, comme s'il ne pouvait pas me comprendre. Puis il croisa ses mains sur son dos, et se mit à marcher, les regards fixés sur le plancher. Tout à coup, il prit un fusil à la muraille, et fit entrer la baguette dans le canon pour s'assurer s'il était chargé. — Mon sang bouillonna dans mes veines, je portai la main à mon couteau en l'ouvrant dans ma poche, et je m'approchai fort près du baron pour le mettre dans l'impossibilité de m'ajuster.

— Une belle arme ! dit le baron ; et il remit le fusil à sa place. Je reculai de quelques pas ; le baron se rapprocha. Me frappant assez rudement sur l'épaule, il me dit : — Je dois vous paraître contraint et troublé, Théodore! Je le suis aussi, les alarmes de cette nuit en sont cause. L'attaque de nerfs de ma femme n'était pas dangereuse, je le vois maintenant; mais ici,—ici dans ce château, je crains toujours les plus grands malheurs; et puis c'est la première fois qu'elle est malade ici. — Vous, — vous seul, vous êtes l'auteur de son mal!

— Comment cela est-il possible? répondis-je avec calme.

— Que le diable n'a-t-il brisé en mille pièces le maudit clavecin de l'inspectrice! Que n'êtes-vous!... Mais, non! non! Il en devait être ainsi. Et je suis seul cause de tout ceci. Dès le premier moment où vous vîntes faire de la musique dans la chambre de ma femme, j'aurais dû vous faire connaître la disposition de son esprit et de sa santé.

Je fis mine de parler.

— Laissez-moi achever, s'écria le baron, il faut que je vous évite tout jugement précipité. Vous me tenez pour un homme rude et sauvage, ennemi des beaux arts. Je ne le suis nullement, mais une conviction profonde m'oblige à interdire ici tout délassement qui amollit et qui ébranle l'âme. Apprenez que ma femme souffre d'une affection nerveuse qui finira par la priver de toutes les jouissances de la vie. Dans ces murs surtout, elle ne sort pas d'un état d'exaltation qui est toujours le symptôme d'une maladie grave. Vous me demanderez avec raison pourquoi je n'épargne pas à une femme délicate ce séjour terrible, cette rigoureuse vie de chasseur? Nommez-le faiblesse ou tout ce que vous voudrez, je ne puis me résoudre à la laisser loin de moi. Je pense d'ailleurs que cette vie que nous menons ici doit au contraire fortifier cette âme affaiblie; et vraiment le bruit du cor, les aboiemens des chiens, le mugissement de la brise doivent l'emporter sur les tendres accords et sur les romances plaintives; mais vous avez juré de tourmenter méthodiquement ma femme, jusqu'à la faire mourir!

Le baron prononça ces dernières paroles en grossissant sa voix et les yeux étincelans. Je fis un mouvement violent; je voulus parler, le baron ne me laissa pas prendre la parole.

— Je sais ce que vous voulez dire, reprit-il, je le sais, et je vous répète que vous êtes en bon chemin de tuer ma femme; et vous sentez qu'il faut que je mette bon ordre à cela. — Bref! — vous exaltez ma femme par votre chant et votre jeu, et lorsqu'elle flotte sans gouvernail et sans guide, au milieu des visions que votre musique a conjurées, vous enfoncez plus profondément le trait en lui racontant une misérable histoire d'apparition qui vous est arrivée,

dites-vous, dans la salle d'audience.
Votre grand-oncle m'a tout raconté,
mais je vous prie de me dire à votre
tour ce que vous avez vu, ou pas vu,
entendu, éprouvé ou même soupçonné.

Je réfléchis un instant, et je contai
de point en point toute mon aventure.
Le baron laissait échapper de temps en
temps un mot qui décelait sa surprise.
Lorsque je redis la manière dont mon
oncle s'était conduit, il leva les mains au
ciel, et s'écria : — Oui, c'est l'ange protecteur de notre famille !

Mon récit était terminé.

— Daniel ! Daniel ! que fais-tu ici à
cette heure ? murmura le baron en marchant à grands pas. — Mon ami, me dit-il, ma femme, à qui vous avez fait tant
de mal sans le vouloir, doit être rétablie par vos soins. Vous seul, vous le
pouvez.

Je me sentis rougir, et je faisais certainement une sotte figure. Le baron parut se complaire à voir mon embarras; il me regarda en souriant et avec une ironie fatale.

— Allons, allons, dit-il; vous n'avez pas affaire à une patiente dangereuse. La baronne est sous le charme de votre musique, et il serait cruel de l'en arracher tout à coup. Continuez donc. Vous serez bien reçu chez elle chaque soir; mais que vos concerts deviennent peu à peu plus énergiques, mettez-y des morceaux pleins de gaîté, et surtout répétez souvent l'histoire des apparitions. La baronne s'y accoutumera, et l'histoire ne fera pas plus d'impression sur elle que toutes celles qu'on lit dans les romans.

A ces mots, le baron me quitta. Je restai confondu; j'étais réduit au rôle d'un enfant mutin. Moi qui croyais avoir excité la jalousie dans son cœur, il m'envoyait lui-même à Séraphine, il ne voyait en moi qu'un instrument sans volonté qu'on prend ou qu'on rejette à son gré ! Quelques minutes auparavant, je craignais le baron; au fond de mon âme gisait le sentiment de ma faute, mais cette faute même me faisait sentir plus vivement la vie, une vie magnifique, élevée, pleine d'émotions dignes d'envie, et tout était retombé dans les ténèbres, et je ne voyais plus en moi qu'un bambin étourdi qui, dans sa folie enfantine, a pris pour un diadème la couronne de papier dont il a coiffé sa tête.

—Eh bien ! neveu, me dit mon grand-oncle qui m'attendait, où restes-tu donc ?

—J'ai parlé au baron, répondis-je vivement et à voix basse, sans pouvoir le regarder.

—Sapperlote ! je le pensais, s'écria-t-il; le baron t'a sans doute appelé en duel, neveu?

L'éclat de rire qui suivit ces mots me prouva que cette fois, comme toujours, le vieil oncle perçait à travers mon âme. Je me mordis les lèvres, et je ne répondis rien, car je savais qu'un mot de ma part eût suffi pour provoquer une explosion de sarcasmes que je voyais déjà voltiger sur les lèvres du vieillard.

## CHAPITRE XII.

La baronne vint à table en frais déshabillé d'une blancheur éclatante. Elle paraissait accablée, et lorsqu'elle levait doucement les yeux en parlant, le désir brillait en longs traits de feu dans ses regards, et une rougeur fugitive couvrait ses joues. Elle était plus belle que jamais !

A quelles folies ne se livre pas un jeune homme dont le sang abondant afflue à la tête et au cœur ! Je reportai sur Séraphine la colère que le baron avait excitée en moi. Toute sa conduite me parut une triste mystification. Je tins à prouver que j'avais conservé toute ma raison, et que je ne manquais pas de perspicacité. J'évitai les regards de la baronne, comme un enfant boudeur, et j'échappai à Adélaïde qui me poursuivait, en me plaçant à l'extrémité de la table entre deux officiers, avec lesquels je me mis à boire vigoureusement. Au dessert, nous fêtâmes si bien la bouteille, que je devins d'une gaîté extraordinaire. Un laquais vint me présenter une assiette où se trouvaient des dragées, en disant : — De la part de mademoiselle Adélaïde. — Je la pris, et je remarquai bientôt ces mots tracés au crayon sur une des dragées : *Et Séraphine !*— La tête me tourna. Je regardai Adélaïde qui éleva doucement son verre en me faisant signe. Presque sans le vouloir je prononçai le nom de Séraphine, et prenant à mon tour un verre, je le vidai d'un trait.— Les yeux d'Adélaïde et les miens se rencontrèrent encore. Un malin démon semblait sourire sur ses lèvres.

Un des convives se leva et porta, selon l'usage du nord, la santé de la maîtresse de la maison. Les verres furent choqués avec des exclamations de joie.

Le ravissement et le désespoir remplissaient mon cœur. Je me sentis près de défaillir, je restai quelques momens anéanti. Quand je revins à moi, Séraphine avait disparu. On s'était levé de table. Je voulus m'éloigner, Adélaïde se trouva près de moi, me retint et me parla long-temps. Je n'entendis, je ne compris rien de ce qu'elle me dit. Elle me prit les mains, et me glissa en riant quelques mots à l'oreille. J'ignore ce qui se passa depuis. Je sais seulement que je me précipitai hors de la salle, et que je courus dans le bois de pins. La neige tombait à gros flocons, le vent sifflait, et moi je courais çà et là comme un forcené, poussant des cris de désespoir.

Je ne sais comment mon délire se serait terminé, si je n'avais entendu appeler mon nom à travers les arbres. C'était le vieux garde-chasse.

— Eh! mon cher M. Théodore, venez donc; nous vous avons cherché partout. Monsieur le justicier vous attend avec impatience.

Je trouvai mon oncle qui travaillait dans la grande salle. Je pris place auprès de lui sans prononcer un seul mot.

— Mais dis-moi donc un peu ce que le baron voulait de toi? s'écria mon oncle, après que nous eûmes long-temps travaillé en silence. Je lui racontai notre entrevue avec le baron, et je terminai en disant que je ne voulais pas me charger de la tâche dangereuse qu'il m'avait confiée.

— Quant à cela, dit mon grand-oncle, sois tranquille; nous partirons demain.

Nous partîmes en effet; je ne revis jamais Séraphine !

## CHAPITRE XIII.

———

A PEINE de retour à K..., mon vieux grand-oncle se plaignit plus que jamais des souffrances que lui avait causées ce pénible voyage. Son silence grondeur, qui n'était interrompu que par de violentes explosions de mauvaise humeur, annonçait le retour de ses accès de goutte. Un jour on m'appela en toute hâte ; je trouvai le vieillard, frappé d'un coup de sang, étendu sans mouvement sur son lit, tenant une lettre froissée que serraient ses mains convulsivement contractées. Je reconnus l'écriture de l'inspecteur du domaine de R...bourg ; mais, pénétré d'une douleur profonde, je n'osai pas arracher la lettre au vieillard dont je voyais la mort si prochaine. Cependant, avant le retour du médecin, les pulsations des artères reprirent leur cours, et les forces vitales du vieillard de soixante-dix ans triomphèrent de cette attaque mortelle. Toutefois la rigueur de l'hiver et l'affaiblissement que lui causa cette maladie, le retinrent long-temps sur sa couche. Il résolut alors de se retirer entièrement des affaires ; il céda son office à un autre, et je perdis ainsi tout espoir de retourner jamais à R...bourg.

Mon grand-oncle ne souffrait que mes soins. C'était avec moi seul qu'il voulait s'entretenir ; et, quand sa douleur lui laissait quelque trêve, sa gaîté revenait aussitôt, et les joyeux contes ne lui manquaient pas ; mais jamais en aucune circonstance, même lorsqu'il racontait des histoires de chasse, il ne lui arrivait jamais de faire mention de notre séjour à R...bourg, et un sentiment de terreur indéfinissable m'empêchait toujours d'amener la conversation sur ce sujet. — Mes inquiétudes pour le vieillard, les soins que je lui prodiguais, avaient un peu éloigné de ma pensée l'image de Séraphine. Mais quand la santé de mon oncle se rétablit, je me surpris à rêver plus souvent à la baronne, dont l'apparition avait été pour moi comme celle d'un astre qui brille un instant pour s'éteindre aussitôt, et une circonstance singulière vint tout à coup ranimer en moi tous les sentimens que je croyais étouffés en mon cœur.

Un soir, j'ouvris par hasard les portefeuilles que j'avais portés à R.. bourg; un papier s'échappa du milieu des autres; je l'ouvris et j'y trouvai une boucle de cheveux que je reconnus aussitôt pour ceux de Séraphine ! Elle était attachée avec un ruban blanc sur lequel, en l'examinant de près, je vis distinctement une goutte de sang ! — Peut-être dans ces instans de délire qui précédèrent notre séparation, Adelaïde m'avait-elle laissé ce souvenir de sa maîtresse; mais pourquoi cette goutte de sang qui me frappait d'horreur ? — C'était bien ce ruban blanc qui avait flotté sur mon épaule la première fois que j'avais approché de Séraphine ; mais ce sang !...

## CHAPITRE XIV.

---

Enfin les orages de mars avaient cessé de gronder, l'été avait repris tous ses droits; le soleil de juillet dardait ses rayons brûlans. Le vieillard reprenait ses forces à vue d'œil, et il alla habiter, comme de coutume, une maison de plaisance qu'il possédait aux environs de la ville.

Par une douce et paisible soirée, nous étions assis ensemble sous un bosquet de jasmin. Mon grand-oncle était d'une gaité charmante, et loin de montrer, comme autrefois, une ironie sarcastique, il éprouvait une disposition singulière à l'attendrissement.

— Je ne sais pas comment il se fait, neveu, que je sente un bien-être tel que je n'en ai pas éprouvé de semblable depuis bien des années, me dit-il; je crois que cela m'annonce une mort prochaine.

— Je m'efforçai de le détourner de cette idée.

— Laissons cela, neveu, reprit-il, je n'ai pas long-temps à rester ici bas, et je veux, avant que de partir, te payer une dette. Penses-tu encore à l'automne que nous avons passée à R...bourg?

Cette question me fit tressaillir. Il ne me laissa pas répondre, et ajouta : — Le ciel voulut alors que tu te trouvasses, sans le savoir, initié à tous les secrets de cette maison ; maintenant je puis tout te dire. Souvent, neveu, nous avons parlé de choses que tu as plutôt conjecturées que comprises. La nature, dit-on, a tracé symboliquement la marche des âges de la vie humaine comme celle des saisons : les nuages du printemps se dissipent devant les feux de l'été, qui éblouissent les regards, et à l'automne, l'air plus pur laisse apercevoir le paysage que la nudité de l'hiver met enfin à découvert : l'hiver, c'est la vieillesse, dont les glaces dissipent les illusions des autres âges. La vue s'étend alors sur l'autre vie comme sur une terre promise ; la mienne découvre en ce moment un espace que je ne saurais mesurer, dont ma voix d'homme ne saurait décrire l'immensité. Souviens-toi, mon enfant, que la mission mystérieuse qui te fut attribuée, peut-être non sans dessein, aurait pu te perdre! mais tout est passé; je te dirai seulement ce que tu n'as pu savoir. Pour toi, ce récit ne sera peut-être qu'une simple histoire, bonne à passer quelques momens. N'importe, écoute-moi donc.

L'histoire du majorat de R...bourg, que le vieillard me raconta, est restée si fidèlement gravée dans ma mémoire, que je la redirai sans doute dans les mêmes termes que lui. — Dans ce récit, il parlait de lui à la troisième personne.

CHAPITRE XV.

Dans une nuit orageuse de l'automne de 1760, un fracas violent réveilla tous les domestiques de R...bourg de leur profond sommeil. Il semblait que tout l'immense château s'abîmait dans ses fondemens. En un clin d'œil tout le monde fut sur pied, et chacun accourut, une lumière à la main. L'intendant pâle, effrayé, arriva aussi ses clefs à la main. Mais la surprise fut grande lorsque, s'acheminant dans un profond silence, on traversa tous les appartemens sans y trouver la moindre apparence de désordre.

Un sombre pressentiment s'empara du vieil intendant. Il monta dans la grand'salle, auprès de laquelle se trouvait un cabinet où le baron Roderich de R... avait coutume de se coucher lorsqu'il se livrait à ses observations astronomiques. Mais, au moment où Daniel (ainsi se nommait l'intendant) ouvrit cette porte, le vent, s'engouffrant avec bruit, chassa vers son visage des décombres et des pierres brisées. Il recula avec horreur, et laissant tomber son flambeau, qu'une bouffée de vent avait éteint, il s'écria : — Dieu du ciel! le baron vient de périr!

En ce moment, des cris plaintifs se firent entendre de la chambre du baron. Daniel trouva les autres domestiques rassemblés autour du cadavre de leur maître. Il était assis sur un fauteuil doré, richement vêtu, et avec autant de sérénité que s'il se fût simplement reposé de son travail. Mais c'était la mort que son repos. Lorsque le jour fut venu, on s'aperçut que le dôme de la tour s'était écroulé. Les lourdes pierres qui le composaient avaient brisé le plafond et le plancher de l'observatoire, renversé par leur double chute le large balcon en saillie, et entraîné une partie de la muraille extérieure. On ne pouvait faire un seul pas hors de la porte de la grand'salle, sans courir le danger de faire une chute de quatre-vingts pieds au moins.

Le vieux baron avait prévu sa mort prochaine, et il en avait donné avis à ses fils. Le lendemain, son fils aîné, Wolfgang, devenu seigneur du majorat, par la mort du baron, arriva au château. Obéissant à la volonté de son père, il avait quitté Vienne immédiatement après en avoir reçu une lettre, et avait fait la plus grande diligence pour revenir à R...bourg.

L'intendant avait fait tendre de noir la grand'salle, et fait exposer le vieux baron sur un magnifique lit de parade, entouré de cierges allumés dans des chandeliers d'argent. Wolfgang monta l'escalier en silence, entra dans la salle, et s'approcha tout près du corps de son père. Là, il s'arrêta, les bras croisés sur la poitrine, contempla, d'un air sombre et les sourcils froncés, le visage pâle du défunt. Le jeune seigneur semblait une statue ; pas une larme ne coulait de ses yeux. Enfin il étendit le bras vers le cadavre par un mouvement presque nerveux, et murmura ces mots : — Le ciel te forçait-il donc à rendre ton fils malheureux? Puis, il leva les yeux au ciel, et s'écria : — Pauvre vieillard insensé! le temps des folies est donc passé! Tu reconnais maintenant que les étoiles n'ont pas d'influence sur les choses de ce monde! Quelle volonté, quelle puissance s'étend au-delà du tombeau?

Le baron se tut de nouveau pendant quelques secondes, puis il reprit avec plus de violence : — Non, ton entêtement ne me ravira pas une parcelle du bien qui m'attend! A ces mots, il tira de sa poche un papier plié, et le tint de ses deux doigts au dessus de l'un des cierges qui brûlaient autour du mort. Le papier, atteint par la flamme, noircit et prit feu. Lorsque la lueur qu'il répandit se projeta sur le visage du défunt, il sembla que ses muscles se contractaient, et que des accens étouffés s'échappaient de sa poitrine. Tous les gens du château en frémirent. Le baron continua sa tâche avec calme, et écrasa soigneusement jusqu'au plus petit morceau de papier consumé qui tombait sur le plancher. Puis il jeta encore un regard sombre sur son père, et sortit de la salle à grands pas.

## CHAPITRE XVI.

Le lendemain, Daniel fit connaître au nouveau baron tout le désastre de la tour; lui raconta longuement comme tout s'était passé dans la nuit de la mort de son maître, et termina en disant qu'il serait prudent de faire réparer la tour qui s'écroulait davantage, et mettait tout le château en danger, sinon de tomber, du moins d'être fortement endommagé.

— Rétablir la tour? reprit le baron en regardant le vieux serviteur d'un air irrité. Rétablir la tour? jamais! — N'avez-vous pas remarqué, ajouta t-il plus tranquillement, que la tour n'est pas tombée naturellement? N'avez-vous pas deviné que mon père, qui voulait anéantir le lieu où il se livrait aux sciences secrètes, avait fait toutes ces dispositions pour que le faîte de la tour pût s'écrouler dès qu'il le voudrait? Au reste, que le château s'écroule tout entier! que m'importe? Croyez-vous donc que je veuille habiter ce vieux nid de hiboux. — Non! mon sage aïeul qui a jeté dans la vallée les fondations d'un nouveau château, m'a montré l'exemple: je veux l'imiter.

— Et de la sorte, dit Daniel à mi-voix, les vieux et fidèles serviteurs n'auront qu'à prendre le bâton blanc, et à aller errer sur les routes?

— Il va sans dire, répondit le baron, que je ne m'embarrasserai pas de vieux serviteurs impotens; mais je ne chasserai personne: le pain que je vous donnerai vous semblera meilleur quand vous le gagnerez sans travail.

— Me mettre hors d'activité, moi, l'intendant du château! s'écria le vieillard plein de douleur.

Le baron, qui lui avait tourné le dos, et qui se disposait à sortir de la salle, se retourna tout à coup, le visage animé de colère. Il s'approcha du vieil intendant, le poing fermé, et lui dit d'une voix terrible : — Toi, vieux coquin, qui as criminellement abusé de la folie de mon père, pour l'entraîner dans des pratiques infernales qui ont failli m'exterminer, je devrais te repousser comme un chien galeux.

A ces paroles impitoyables, le vieillard terrifié tomba sur ses genoux ; et, soit involontairement, soit que le corps eût obéi machinalement à sa pensée, le baron leva le pied en parlant, et en frappa si rudement à la poitrine le vieux serviteur, que celui-ci se renversa en poussant un cri sourd. Il se releva avec peine, et poussa un hurlement profond en lançant à son maître un regard où se peignaient la rage et le désespoir. Puis il s'éloigna sans toucher une bourse remplie d'argent que le baron venait de lui jeter.

Cependant les parens de la famille, qui se trouvaient dans le pays, s'étaient rassemblés. Le défunt baron fut porté avec beaucoup de pompe dans les caveaux de l'église de R...bourg ; et, lorsque la cérémonie fut achevée, le nouveau possesseur du Majorat, reprenant sa bonne humeur, parut se réjouir de son héritage. Il tint un compte exact des revenus du Majorat, avec V..., l'ancien justicier à qui il avait accordé sa confiance après s'être entretenu avec lui, et calcula les sommes qu'il pourrait employer à bâtir un nouveau château. V... pensait qu'il était impossible que le vieux baron eût dépensé tous ses revenus, et comme il ne s'était trouvé à sa mort, dans son coffre, que quelques milliers d'écus, il devait nécessairement se trouver de l'argent caché dans le château.

Quel autre pouvait le savoir que Daniel, qui, dans son opiniâtreté, attendait sans doute qu'on l'interrogeât? Le baron craignait fort que Daniel, qu'il avait grièvement offensé, ne voulût rien découvrir, plutôt par esprit de vengeance que par cupidité : car le vieil intendant, sans enfans, n'avait d'autre désir que de finir ses jours dans le château. Il raconta tout au long à V... sa conduite avec Daniel, et la justifia en disant que, d'après plusieurs renseignemens qui lui étaient parvenus, il savait que l'intendant avait nourri dans le défunt baron l'éloignement qu'il avait conservé jusqu'à sa mort pour ses enfans. Le justicier répondit que personne au monde n'eût été capable d'influencer l'esprit du vieux seigneur, et entreprit d'arracher à Daniel son secret, s'il en avait un.

La chose ne fut pas difficile; car dès que le justicier lui eut dit : — Daniel, comment se fait-il donc que le vieux seigneur ait laissé si peu d'argent comptant?

Daniel répondit en s'efforçant de rire. — Vous voulez dire les écus qui se sont trouvés dans la petite cassette, monsieur le justicier? — Le reste est caché sous la voûte, auprès du cabinet de feu monsieur le baron. — Mais, ajouta-t-il, le meilleur est enterré dans les décombres : il y a là plus de cent mille pièces d'or !

Le justicier appela aussitôt le baron. On se rendit dans le cabinet. Daniel toucha un panneau de la muraille, et découvrit une serrure. Tandis que le baron regardait la serrure avec des regards avides, et se baissait pour y essayer un grand nombre de clefs qui se trouvaient sur une table, Daniel se redressait et jetait sur le baron des regards de mépris. Il pâlit tout à coup, et dit d'une voix tremblante : — Si je suis un chien, monseigneur le baron, je garde ce qu'on me confie avec la fidélité d'un chien.

A ces mots, il tendit au baron une clef d'acier que celui-ci arracha avec vivacité, et avec laquelle il ouvrit sans peine la serrure. On pénétra sous une

petite voûte qui couvrait un vaste coffre ouvert. Sur des sacs sans nombre se trouvait cet écrit que le baron reconnut pour avoir été tracé par la main de son père : « 150000 écus de l'empire en vieux
» frédérics d'or, épargnés sur les revenus
» du majorat de R...bourg, pour être
» employés à la construction du château.

» Celui qui me succédera fera cons-
» truire, à la place de la tour qui se
» trouvera écroulée, un haut fanal, pour
» guider les navigateurs, et il le fera en-
» tretenir chaque nuit.

» R...bourg, dans la nuit de saint
» Michel, de l'année 1760.

» Roderich, baron de R. »

Ce ne fut qu'après avoir soulevé les sacs l'un après l'autre, et les avoir laissés retomber dans le coffre, que le baron se retourna vers le vieil intendant, le remercia de la fidélité qu'il lui avait montrée, et lui dit que des propos médisans avaient été seuls la cause du traitement qu'il lui avait fait endurer. Il lui annonça en même temps qu'il conserverait sa charge d'intendant, avec un double traitement.

— Je te dois un dédommagement, lui dit-il. Prends un de ces sacs!

Le baron prononça ces mots, debout devant le vieux serviteur, les yeux baissés, et désignant du doigt le coffre. Une rougeur subite se répandit sur le visage de l'intendant, il proféra un long murmure, et répondit au baron : — Ah! monseigneur, que voulez-vous que fasse de votre or un vieillard sans enfans? Mais pour le traitement que vous m'offrez je l'accepte, et je continuerai de remplir mon emploi avec la même fidélité.

Le baron, qui n'avait pas trop écouté la réponse de l'intendant, laissa retomber le couvercle du coffre avec un bruit retentissant, et dit, en remettant la clef dans sa poche : — Bien, très-bien, mon vieux camarade! mais, ajouta-t-il, lorsqu'ils furent revenus dans la grand'-salle, tu m'as aussi parlé de sommes considérables qui se trouvaient dans la tour écroulée?

Le vieillard s'approcha en silence de la porte, et l'ouvrit avec peine, mais au moment où les gonds tournèrent, un violent coup de vent chassa dans la salle une épaisse nuée de neige; un corbeau vint voltiger autour du plafond en croassant, alla frapper les vitraux de ses ailes noires, repartit à travers la porte, et retourna s'abattre vers le précipice. Le baron s'avança près de l'ouverture; mais à peine eut-il jeté un regard dans le gouffre, qu'il recula avec effroi.

—Horrible vue! s'écria-t-il, la tête me tourne, et il tomba presque sans connaissance dans les bras du justicier. Il se releva aussitôt, et s'adressa à l'intendant en le regardant fixement : — Là-bas, dis-tu ?

Le vieux domestique avait déjà fermé la porte; il la repoussa avec effort de son genou, pour en retirer la clef, qui avait peine à sortir de la serrure rouillée. Lorsque cette tâche fut achevée, il se tourna vers le baron, en balançant les grosses clefs dans ses doigts, et en riant d'un air simple : — Eh! sans doute, là-bas, dit-il, il y a des milliers d'écus répandus. Tous les beaux instrumens du défunt, les télescopes, les globes, les quarts de cercle, les miroirs ardens, tout cela est en pièces sous les pierres et les poutres.

— Mais l'argent! l'argent! Tu as parlé de sommes considérables! s'écria le baron.

— Je voulais dire, répondit l'intendant, qu'il s'y trouvait des choses qui avaient coûté des sommes considérables!

On ne put en savoir davantage.

## CHAPITRE XVII.

———

Le baron se montra fort joyeux de pouvoir mettre enfin à exécution son projet favori, celui d'élever un nouveau château plus beau que l'ancien. Le justicier pensait, il est vrai, que le défunt n'avait entendu parler que d'une réparation totale du vieux château, et qu'un édifice moderne n'aurait pas le caractère de grandeur et de simplicité qu'offrait le berceau de la race des R.....; mais le baron ne persista pas moins dans sa volonté, et déclara qu'il voulait faire de sa nouvelle habitation un séjour digne de l'épouse qu'il se préparait à y amener. Le baron ne laissait pas que d'aller chaque jour visiter le vieux coffre, uniquement pour contempler les belles pièces d'or qu'il renfermait ; et à chaque visite il ne pouvait s'empêcher de s'écrier : — Je suis sûr que ce vieux renard nous a caché le meilleur de son trésor ; mais vienne le printemps, je ferai fouiller, sous mes yeux, les décombres de la tour.

Bientôt on vit arriver les architectes avec lesquels le baron eut de longues conférences. Il rejeta vingt plans. Nulle architecture ne lui semblait assez riche, assez belle. Il se mit alors à dessiner lui-même, et l'avenir que lui offraient ces agréables occupations lui rendit bientôt toute sa gaîté, qui se communiqua à tous ses alentours. Daniel lui-même semblait avoir oublié la manière un peu rude dont son maître l'avait traité; et il se comportait avec lui de la façon la plus respectueuse, bien que le baron lui lançât souvent des regards méfians. Mais ce qui frappait tout le monde, c'est que le vieil intendant semblait rajeunir chaque jour. Il se pouvait que la douleur de la perte de son maître l'eût profondément courbé, et que le temps eût adouci cette douleur, ou que, n'ayant plus de froides nuits à passer sans sommeil au haut de la tour, mieux nourri, moins occupé des affaires du château, le repos eût rétabli sa santé; enfin, le faible et frêle vieillard se changea en un homme aux joues animées, aux formes rebondies, qui posait le talon avec vigueur, et poussait un gros rire bien sonore lorsqu'il entendait quelque propos joyeux.

La vie paisible qu'on menait à R...-bourg, fut troublée par l'arrivée d'un personnage qu'on n'attendait pas. C'était Hubert, le jeune frère du baron Wolfgang. A sa vue, le baron pâlit et s'écria : — Malheureux, que viens-tu faire ici ?

Hubert se jeta dans les bras de son frère; mais celui-ci l'emmena aussitôt dans une chambre éloignée, où il s'enferma avec lui. Ils restèrent plusieurs heures ensemble. Enfin, Hubert descendit, l'air troublé, et demanda ses chevaux. Le justicier alla au devant de lui; le jeune seigneur continua de marcher; mais V... le supplia de rester encore quelques instants au château, et en ce

moment le baron arriva en s'écriant :
— Hubert, reste ici. Tu réfléchiras.

Ces paroles semblèrent calmer un peu Hubert; il ôta la riche pelisse dont il s'était enveloppé, la jeta à un domestique, prit la main de V..., et lui dit d'un air moqueur : — Le seigneur du majorat veut donc bien me recevoir ici ?

Il revint dans la salle avec le justicier. Hubert s'assit auprès de la cheminée, prit la pincette, et se mit à arranger l'énorme foyer, en disposant le feu d'une meilleure manière :—Vous voyez, M. le justicier, dit-il, que je suis un bon garçon, fort habile dans les petites affaires de ménage. Mais Wolfgang a les plus fâcheux préjugés, et, par dessus tout, c'est un avare.

Le justicier se rendit le soir chez le baron. Il le trouva toisant sa chambre à grands pas, et dans une agitation extrême. Il prit l'avocat par les deux mains,

et lui dit en le regardant dans les yeux :
— Mon frère est venu !

— Je sais, dit le justicier, je sais ce que vous voulez dire.

— Mais vous ne savez pas, vous ne savez pas que mon malheureux frère est sans cesse sur mes pas comme un mauvais génie, pour venir troubler mon repos. Il n'a pas dépendu de lui que je ne fusse le plus misérable des hommes. Il a tout fait pour cela, mais le ciel ne l'a pas voulu. Depuis qu'il a appris la fondation du majorat, il me poursuit d'une haine mortelle. Il m'envie cette propriété qui, dans ses mains, s'envolerait comme un brin de paille. C'est le prodigue le plus insensé qui ait jamais existé. Ses dettes excèdent de plus de moitié le patrimoine libre de Courlande qui lui revient, et maintenant il vient mendier ici, poursuivi par ses créanciers.

— Et vous, son frère, vous le refusez !

— Oui, s'écria le baron avec violence, je le refuse ! Il n'aura pas un écu des revenus du majorat; je ne dois pas les aliéner. Mais écoutez la proposition que j'ai faite, il y a quelques heures, à cet insensé, et puis jugez-moi. Le patrimoine de Courlande est considérable, comme vous le savez; je consens à renoncer à la part qui m'appartient, mais en faveur de sa famille. Hubert est marié en Courlande à une femme charmante, mais pauvre. Elle lui a donné des enfans. Les revenus serviront à les entretenir, et à apaiser les créanciers. Mais que lui importe une vie tranquille et libre de soucis ? Que lui importent sa femme et ses enfans ? C'est de l'argent qu'il lui faut, beaucoup d'argent, afin de pouvoir se livrer à toutes ses folies ! Quel mauvais démon lui a dévoilé le secret des cent cinquante mille écus? Il en veut la moitié, car il prétend que ce trésor est indépendant du majorat. Je veux, je dois le refuser; mais je vois bien qu'il médite en lui-même ma ruine et ma mort!

Quelques efforts que fît le justicier pour détourner les soupçons qu'il nourrissait contre son frère, il ne put y parvenir. Le baron lui confia la mission de négocier avec Hubert. Il la remplit avec zèle, et se réjouit fort lorsque le jeune seigneur lui dit ces paroles : — J'accepte les offres du baron, mais sous la condition qu'il m'avancera à l'instant mille frédérics d'or pour satisfaire mes créanciers, et que cet excellent frère me permettra de me soustraire pendant quelque temps à leurs recherches.

— Jamais! s'écria le baron, lorsque le justicier lui rapporta ces paroles, jamais je ne consentirai que Hubert reste un instant dans mon château, quand ma femme y sera!—Voyez-vous, mon cher ami, dites à ce perturbateur de mon repos qu'il aura deux mille frédérics d'or, non pas à titre de prêt, mais en cadeau, pourvu qu'il parte, qu'il parte!

Le justicier apprit alors que le baron s'était marié à l'insu de son père, et que cette union avait mis la désunion entre les deux frères. Hubert écouta avec hauteur la proposition qui lui fut faite au nom du baron, et répondit d'une voix sombre :—Je verrai; en attendant, je veux rester quelques jours ici.

V... s'efforça de lui faire entendre que le baron faisait tout ce qui était en son pouvoir pour le dédommager du partage inégal de leur père, et qu'il ne devait pas lui en vouloir, mais bien à l'institution des majorats, qui avait réglé cet ordre de succession. Hubert déboutonna vivement son frac, comme pour respirer plus librement, et s'écria, en pirouettant : — Bah! la haine vient de la haine. Puis il éclata de rire, et ajouta : — Monseigneur est vraiment bien bon d'accorder quelques pièces d'or à un pauvre mendiant !

V... ne vit que trop que toute réconciliation entre les deux frères était impossible.

## CHAPITRE XVIII.

Hubert s'établit dans son appartement comme pour un long séjour, au grand regret du baron. On remarqua qu'il s'entretenait souvent avec l'intendant, et qu'ils allaient quelquefois ensemble à la chasse. Du reste, il se montrait peu, et évitait tout-à-fait de se trouver seul avec son frère, ce qui convenait fort au baron. V... ne pouvait s'expliquer la terreur de ce dernier, chaque fois que Hubert entrait dans son appartement.

V... était un jour seul dans la grand'-salle, parcourant ses actes, lorsque Hubert y entra, plus grave et plus posé que d'ordinaire; il lui dit, avec un accent presque douloureux : — J'accepte les dernières propositions de mon frère; faites que je reçoive aujourd'hui même les deux mille frédérics d'or; je veux partir cette nuit, à cheval, tout seul.

— Avec l'argent? demanda le justicier.

— Vous avez raison, dit Hubert, je vous comprends. Faites-moi donc donner la somme en lettre-de-change sur Isaac Lazarus, à K......, je veux partir cette nuit. Il faut que je m'éloigne; les mauvais esprits rôdent ici autour de moi! Ainsi, aujourd'hui même, M. le justicier!

A ces mots il s'éloigna.

Le baron éprouva un vif sentiment de bien-être en apprenant le départ de son frère; il rédigea la lettre-de-change, et la remit à V... Jamais il ne se montra plus joyeux que le soir à table. Hubert avait annoncé qu'il n'y paraîtrait pas.

Le justicier habitait une chambre écartée, dont les fenêtres donnaient sur la cour du château. Dans la nuit, il se réveilla tout à coup, et crut avoir entendu des gémissemens éloignés, mais il eut beau écouter, le plus grand silence continuait de régner, et il pensa qu'il avait été abusé par un rêve. Cependant un sentiment singulier d'inquiétude et de terreur s'empara de lui, et il ne put rester dans son lit. Il se leva et s'approcha de la fenêtre; il s'y trouvait à peine depuis quelques instans, lorsque la porte du vestibule s'ouvrit; un homme, un flambeau à la main, en sortit et traversa la cour. V... reconnut le vieux Daniel, et l'aperçut distinctement entrer dans l'écurie, d'où il ne tarda pas à faire sortir un cheval sellé. Une seconde figure, enveloppée dans une pelisse, la tête couverte d'un bonnet de renard, sortit alors des ténèbres, et s'approcha de lui. C'était Hubert qui parla quelques momens à Daniel avec chaleur, et se retira vers le lieu d'où il était venu.

Il était évident qu'Hubert avait des relations secrètes avec le vieil intendant. Il avait voulu partir, et sans doute celui-ci l'avait retenu. V... eut à peine la patience d'attendre le jour pour faire part au baron des événemens de la nuit, et l'avertir de se défier de Daniel qui le trahissait évidemment.

## CHAPITRE XIX.

Le lendemain, à l'heure où le baron avait coutume de se lever, V... entendit un violent bruit de portes et un grand tumulte. Il sortit de sa chambre, et rencontra partout des domestiques qui passèrent auprès de lui sans le regarder, et qui parcouraient toutes les salles. Enfin, il apprit que le baron ne se trouvait pas, et qu'on le cherchait depuis plusieurs heures. Il s'était mis au lit en présence de son chasseur; mais il s'était éloigné en robe de chambre et en pantoufles, un flambeau à la main; car tous ces objets manquaient dans sa chambre.

V..., frappé d'un sombre pressentiment, courut à la grand'salle, auprès de laquelle se trouvait l'ancien cabinet du défunt baron. La porte qui menait à la tour écroulée était ouverte, et V... s'écria plein d'horreur : — Il est au fond du gouffre, brisé en morceaux !

Ce n'était que trop vrai. La neige avait tombé toute la nuit, et on ne pouvait apercevoir qu'un bras raidi qui s'avançait entre les pierres. Plusieurs heures s'écoulèrent avant que des ouvriers pussent descendre, au risque de leur vie, le long de plusieurs échelles liées ensemble, et ramener le cadavre à l'aide de longues cordes. Dans les convulsions de la frayeur, le baron avait serré fortement le flambeau d'argent, et la main qui le tenait encore était la seule partie de son corps qui n'eût pas été affreusement mutilée par les pierres aiguës sur lesquelles il avait roulé. Hubert arriva dans le plus profond désespoir. Il trouva le cadavre de son frère étendu sur la table où on avait posé, quelques semaines auparavant, celui du vieux baron Roderich.

— Mon frère! mon frère! s'écria-t-il en gémissant. Non, je n'ai pas demandé sa mort au démon qui planait sur moi!

Hubert tomba sans mouvement sur le sol. On l'emporta dans son appartement, et il ne revint à lui que quelque temps après. Il vint dans la chambre du justicier; il était pâle, tremblant, les yeux à demi éteints, et se jeta dans un fauteuil, car il ne pouvait se soutenir.

—J'ai désiré la mort de mon frère, parce que mon père lui a laissé la meilleure partie de son héritage. Il a péri, et je suis seigneur du majorat; mais mon cœur est brisé, et je ne serai jamais heureux. Je vous confirme dans votre emploi, et vous recevrez les pouvoirs les plus étendus pour régir le Majorat où je ne pourrais pas demeurer!

Hubert quitta le justicier, et partit pour K... un instant après.

On répandit le bruit que le malheureux Wolfgang s'était levé dans la nuit pour se rendre dans un cabinet où se trouvait une bibliothèque. A demi endormi, il s'était trompé de porte et s'était précipité sous les débris de la tour.

— Ah! dit François, le chasseur du baron, en entendant raconter ce récit invraisemblable, monseigneur n'aurait pu se tromper de chemin en allant chercher un livre; car la porte de la tour ne s'ouvre qu'avec de grands efforts, et d'ailleurs je sais que la chose ne s'est pas passée ainsi !

François ne voulut pas s'expliquer davantage devant ses camarades ; mais, seul avec lui, le justicier apprit que le baron parlait souvent des trésors qui devaient se trouver cachés dans les ruines, et que souvent dans la nuit, poussé par un mauvais génie, il prenait la clef que Daniel avait été forcé de lui remettre, et allait contempler avec avidité ce gouffre au fond duquel il croyait voir luire des monceaux d'or. C'était sans doute dans une de ces excursions qu'un étourdissement l'avait atteint et précipité dans l'abîme.

Le baron Hubert partit pour la Courlande sans reparaître au château.

## CHAPITRE XX.

---

Plusieurs années s'étaient écoulées lorsque le baron Hubert revint pour la première fois à R...bourg. Il passa plusieurs jours à conférer avec le justicier, et repartit pour la Courlande. La construction du nouveau château fut abandonnée, et l'on se borna à faire quelques éparations à l'ancien. En passant à K... le baron Hubert avait déposé son testament dans les mains des autorités du pays.

Le baron parla souvent, pendant son séjour, de sa mort prochaine dont il éprouvait le pressentiment. Il se réalisa en effet, car il mourut avant l'expiration de l'année. Son fils, nommé Hubert comme lui, arriva promptement de la Courlande, pour prendre possession du Majorat. Sa mère et sa sœur l'accompagnaient; le jeune seigneur semblait posséder toutes les mauvaises qualités de ses aïeux, et il se montra fier, dur, emporté et avare, dès les premiers instans de son séjour à R...bourg. Il voulut aussitôt opérer mille changemens; il chassa le cuisinier ; battit le cocher; bref, il commençait à jouer dans toute sa plénitude le rôle du seigneur du Majorat, lorsque V... s'opposa avec fermeté à ses projets, en assurant que rien ne serait dérangé au château avant l'ouverture du testament.

— Vous osez vous attaquer à votre seigneur ! s'écria le jeune Hubert.

— Point de précipitation, M. le baron ! répondit tranquillement le justicier. Vous n'êtes rien avant l'ouverture du testament ; moi seul je suis le maître, et je ferai respecter mon autorité. Souvenez-vous qu'en vertu de mon titre d'exécuteur testamentaire, je puis vous défendre d'habiter R...bourg, et je vous engage dès ce moment à vous retirer à K...

Le ton sévère et solennel dont le justicier prononça ces paroles imposa tellement au jeune baron, qu'il n'essaya pas de résister. Il se retira en faisant quelques menaces.

Trois mois s'étaient écoulés, et le jour était arrivé où, selon la volonté du défunt, on devait ouvrir le testament. Outre les gens de justice, le baron et V..., on vit arriver un jeune homme d'une figure intéressante; il portait un rouleau d'actes, et chacun le prit pour un écrivain. Le baron daigna à peine le regarder, et exigea impérieusement qu'on supprimât tout préambule inutile. — Il ne concevait pas, disait-il, comment il pouvait exister un testament pour la transmission d'un majorat dont la nature était inaliénable. On lui exhiba le sceau et l'écriture de son père, qu'il reconnut en haussant les épaules; et, tandis que le greffier lisait le préambule du testament, le baron regardait d'un air d'indifférence à travers la fenêtre, pendant que de sa main gauche étendue par dessus son fauteuil, il tambourinait une marche sur le tapis vert de la table.

La lecture se continua.

Après un court exorde, le défunt baron Hubert déclarait qu'il n'avait jamais possédé le Majorat, mais qu'il l'avait seulement régi au nom du fils mineur de son frère Wolfgang, nommé Roderich comme leur père. C'était à lui que devait revenir le château, selon l'ordre de la succession. Wolfgang de K..., disait Hubert dans son testament, avait connu, dans ses voyages, Julie de Saint-Val, qui habitait Genève. Elle était pauvre, et sa famille, bien que noble, était fort obscure. Il ne pouvait espérer que le vieux Roderich consentirait à ce mariage. Il osa toutefois lui écrire de Paris et lui faire connaître sa situation. La réponse fut telle que Wolfgang l'attendait; son père le menaçait de sa malédiction s'il contractait cette union. Mais le jeune baron était trop épris pour résister; il retourna à Genève sous le nom de Born, et épousa Julie qui lui donna un an après le fils auquel devait revenir le Majorat. Hubert était instruit de tout; de là la haine qu'il portait à son frère et le motif de leur désunion.

Après cette lecture V... prit le jeune étranger par la main, et dit aux assistans : — Messieurs, j'ai l'honneur de vous présenter le baron Roderich de R..., seigneur de ce Majorat !

Hubert regarda d'un œil étincelant le jeune homme qui semblait tombé du ciel pour lui enlever son riche domaine, ferma le poing avec rage, et s'échappa sans prononcer une parole.

Le baron Roderich produisit alors les documens qui devaient le légitimer. Il présenta l'extrait des registres de l'église où son père s'était marié sous le nom de Wolfgang-Born, son acte de naissance, et plusieurs lettres de son père à sa mère, signées seulement d'un W.

Le lendemain, le baron Hubert mit opposition à l'exécution du testament ; et, après de longs débats, les tribunaux suspendirent toute décision jusqu'à ce que le jeune Roderich eût fourni des titres plus authentiques ; car ceux qu'il avait apportés ne suffisaient pas pour lui faire donner gain de cause.

## CHAPITRE XXI.

Le justicier avait en vain compulsé toute la correspondance du vieux Roderich sans trouver une seule lettre, un seul papier qui eût trait aux rapports de Wolfgang avec mademoiselle de Saint-

Val. Un soir, il était resté plein de soucis dans la chambre à coucher du défunt baron de Roderich, où il venait de faire de nouvelles perquisitions, et il travaillait à composer un mémoire en faveur du jeune baron. La nuit était avancée, et la lune répandait sa clarté dans la grande salle, dont la porte était restée ouverte. Il entendit quelqu'un monter les escaliers lentement et à pas lourds, avec un retentissement de clefs. V... devint attentif; il se leva, se rendit dans la grande salle, et s'aperçut que quelqu'un approchait. Bientôt la porte s'ouvrit, et un homme en chemise, tenant d'une main un flambeau allumé, et de l'autre un trousseau de clefs, s'avança lentement. V... reconnut aussitôt l'intendant, et il se disposait à lui demander ce qu'il venait chercher ainsi au milieu de la nuit, lorsqu'il vit dans toutes les manies du vieillard l'expression d'un état surnaturel ; il ne put méconnaître les symptômes du somnambulisme. L'intendant s'avança droit devant la porte murée qui conduisait à la tour. Là, il s'arrêta en poussant un gémissement profond qui retentit dans la salle, et fit frémir le justicier ; puis, posant son flambeau et ses clefs sur le parquet, il se mit à gratter le mur avec ses mains, et employa tant de force, que le sang jaillit de ses ongles ; ensuite il appuya son oreille pour mieux écouter, fit signe de la main comme pour empêcher quelqu'un d'avancer, releva le flambeau et s'éloigna à pas comptés. V... le suivit doucement, tenant également un flambeau à la main. Il descendit les marches avec lui. L'intendant ouvrit la porte du château, entra dans la cour, se rendit à l'écurie, disposa son flambeau de manière à ce que la clarté se répandît régulièrement autour de lui, apporta une bride et une selle, et se mit à harnacher un cheval avec un soin extrême, attachant la sangle avec force, bouclant les étriers à une longueur égale, et visitant le mors à plusieurs reprises. Cela fait, il retira le toupet de crins engagé dans la tétière, détortilla la gourmette, fit sortir le cheval de l'écurie en l'animant par le claquement de langue habituel aux palefreniers, et l'amena dans la cour. Là, il resta quelques instans dans l'attitude d'un homme qui attend des ordres, et promit de les suivre en baissant plusieurs fois la tête. V... le vit alors reconduire le cheval à l'écurie, le desseller, le rattacher au râtelier, reprendre son flambeau, et regagner sa chambre, où il s'enferma au verrou.

Le justicier se sentit saisi d'une horreur secrète ; il s'était commis sans doute quelque horrible action en ce lieu : et, tout occupé de la fâcheuse situation de son protégé, il s'efforçait de tirer sur ce qui venait de se passer quelques indices à son avantage. Le lendemain, dès le matin, Daniel se présenta dans sa chambre pour une affaire domestique. V... le saisit aussitôt par le bras, et lui dit : — Ecoute-moi, Daniel ! il y a long-temps que je veux te consulter. Que penses-tu des embarras que nous cause le singulier testament du baron Hubert ? Crois-tu que ce jeune homme soit véritablement le fils légitime du baron Wolfgang ?

Le vieil intendant, évitant les regards du justicier, répondit : — Bah ! il se peut que cela soit, comme il se peut que cela ne soit pas ; que m'importe ! Soit maître qui voudra ; ce sera toujours un maître.

— Mais, reprit V... en s'appuyant sur son épaule ; toi, qui étais le confident du vieux baron Roderich, tu as dû connaître toute l'histoire de ses fils? Ne t'a-t-il jamais parlé du mariage que Wolfgang avait contracté contre sa volonté.

— Je ne puis pas m'en souvenir, dit l'intendant en bâillant.

Tu as envie de dormir, mon vieux, dit V...; as-tu passé une mauvaise nuit?

— Pas que je sache, répondit Daniel en se secouant; mais je vais aller commander le déjeuner.

A ces mots, il se leva du siége où il s'était assis, et bâilla encore plusieurs fois.

— Reste donc encore un peu, mon vieux camarade, lui dit V... en voulant le forcer de se rasseoir. Mais Daniel resta debout, et répondit d'un air de mauvaise humeur : — Ah! ça, que m'importe le testament et leur querelle pour le majorat?

— Ainsi, n'en parlons plus! Causons d'autre chose, mon cher Daniel : tu es mal disposé, tu bâilles; tout cela montre un homme affecté, et je crois vraiment que tu l'as été cette nuit.

— Qu'ai-je été cette nuit? demanda l'intendant en restant dans la même position.

— Cette nuit, dit V..., comme je travaillais dans la chambre du défunt baron Roderich, tu es venu dans la salle, pâle et défait, et tu as passé un grand quart d'heure à gratter la porte murée. Es-tu donc somnambule, Daniel?

L'intendant se laissa tomber dans le fauteuil qui était derrière lui. Il ne prononça pas une parole; ses yeux se fermèrent à demi, et ses dents se choquèrent avec violence.

— Oui, continua V... après un moment de silence; il se passe de singulières choses dans l'état de somnambulisme; et le lendemain, on ignore tout ce qu'on a fait. J'avais un ami qui se promenait régulièrement la nuit, au temps de la pleine lune. Il répondait alors à toutes les questions, et comme malgré lui. Je crois vraiment qu'un somnambule qui aurait commis une mauvaise action l'avouerait lui-même dans ces momens-là ! Heureux ceux qui ont bonne conscience comme nous deux, Daniel ! Nous pouvons être somnambules sans avoir rien à craindre. Mais dis-moi donc un peu ce que tu as à gratter comme cela à la porte de l'observatoire ? Tu veux sans doute aller faire de l'astronomie avec le vieux Roderich, n'est-ce pas ? Je te demanderai cela la nuit prochaine.

Daniel n'avait cessé de trembler pendant tout ce discours ; tout son corps semblait en ce moment un roseau balancé par l'orage. Il ne proférait que des paroles inintelligibles, et sa bouche se chargeait d'écume. V... sonna. Les domestiques vinrent prendre le vieil intendant qui ne faisait plus aucun mouvement, et le transportèrent dans son lit, où il ne tarda pas à tomber dans un assoupissement profond. Lorsqu'il se réveilla quelques instans après, il demanda du vin, et s'enferma seul dans sa chambre, où il resta tout le jour.

V... avait réellement résolu d'interroger Daniel pendant ses accès de somnambulisme. Il se rendit à minuit dans la grande salle, espérant que l'intendant s'y rendrait; mais il ne tarda pas à entendre des cris effroyables. On vint lui annoncer que le feu était dans la chambre de Daniel. On y courut; mais on essaya vainement d'ouvrir la porte. Quelques domestiques brisèrent alors la fenêtre basse, arrachèrent les rideaux qui brûlaient, et répandirent dans la cheminée quelques seaux d'eau qui éteignirent l'incendie. L'intendant était au milieu de la chambre dans un évanouissement profond. Il tenait encore à sa main le flambeau dont la flamme avait consumé les rideaux. Ses sourcils et une partie de ses cheveux avaient été brûlés; et on remarqua, non sans étonnement, que la porte se trouvait fermée intérieurement par deux énormes verroux qui ne s'y trouvaient pas la veille.

V... comprit que l'intendant avait voulu se contraindre à ne pas quitter sa chambre, mais qu'il n'avait pu résister à la volonté supérieure qui résidait en lui. Daniel tomba sérieusement malade; il cessa de parler, et resta des journées entières plongé dans ses réflexions. V... n'ayant pu trouver les documens qu'il cherchait, se disposa enfin à quitter le château. Le soir qui devait précéder son départ, il était occupé à rassembler tous ses papiers, lorsqu'il trouva un petit paquet cacheté, qui lui avait échappé. Il portait pour suscription, de la main du baron Hubert : *Pour être lu après l'ouverture de mon testament.* V... se disposait à faire l'ouverture de ce paquet, lorsque la porte s'ouvrit. Daniel s'avança lentement, il mit sur la table un carton noir, qu'il portait sous son bras, et tombant à genoux devant le justicier, il lui dit, d'une voix sourde : — Je ne voudrais pas mourir sur l'échafaud !

Puis, il s'en alla comme il était venu.

## CHAPITRE XXII.

———

V... passa toute la nuit à lire ce que renfermait le carton noir et le paquet du défunt baron Hubert. Tous ces documens s'accordaient parfaitement et lui dictèrent sa conduite. Il partit.

Dès qu'il fut arrivé à K....., il se rendit chez le baron, qui le reçut avec arrogance. Mais la conférence qu'il eut avec lui fut suivie d'un résultat merveilleux; car, le lendemain, le baron se rendit devant le tribunal, et déclara qu'il reconnaissait la légitimité de l'union du fils aîné du baron Roderich de R....., avec mademoiselle Julie de Saint-Val. Après avoir fait sa déclaration, il demanda des chevaux de poste, et partit seul, laissant sa mère et sa sœur à R..... Il leur écrivit le lendemain, qu'elles ne le reverraient peut-être jamais.

L'étonnement du jeune Roderich fut extrême, et il pressa V... de lui expliquer par quel mystérieux pouvoir ce changement s'était déjà opéré; mais celui-ci remit cette confidence au temps où il serait en possession du majorat. Un obstacle s'y opposait encore ; car les tribunaux refusaient de se contenter de la déclaration du baron Hubert, et exigeaient la légitimation de Roderich. V... proposa, en attendant, au jeune Roderich de demeurer au château de R..., où il avait déjà offert un asile à la mère et à la sœur du baron Hubert. Le ravissement avec lequel Roderich accepta cette proposition, montra quelle impression profonde avait produite sur son cœur la jeune Séraphine; et, en effet, il sut si bien mettre le temps à profit, que la baronne consentit bientôt à son union avec sa fille. V... trouvait cette décision un peu prompte, car jusque-là rien n'annonçait encore que le majorat dût échoir à Roderich.

Des lettres de Courlande interrompirent la vie d'idylle qu'on menait au château. Hubert était parti pour la Russie, où il avait pris du service dans l'armée d'expédition qui se préparait contre la Perse. Ce départ rendait celui de la baronne et de sa fille indispensable; elles partirent pour leurs terres de Courlande, où leur présence devenait nécessaire. Roderich, qu'on regardait déjà comme un époux et comme un fils, les accompagna, et le château resta désert. La santé du vieil intendant s'affaiblissait chaque jour. On le remplaça, dans ses fonctions, par un garde-chasse nommé François.

Enfin, après une longue attente, V… reçut de la Suisse des nouvelles favorables. Le pasteur qui avait marié le défunt baron Roderich était mort depuis longtemps; mais il se trouvait, sur le registre de l'église, une note de sa main où il était dit que le fiancé de Julie de Saint-Val s'était fait reconnaître au pasteur, sous le sceau du secret, comme le baron Wolfgang, fils aîné du baron Roderich de R… Deux témoins s'étaient en outre retrouvés, un négociant de Genève et un capitaine français retiré à Lyon. Rien ne s'opposa plus à la remise du Majorat; et une lettre de Russie en accéléra le moment. On apprit que le baron Hubert avait eu le sort de son jeune frère, mort jadis sur le champ de bataille; et ses biens de Courlande devinrent la dot de Séraphine de R... qui épousa l'heureux Roderich.

## CHAPITRE XXIII.

———

CE fut au mois de novembre que Roderich revint, avec sa fiancée, à R...bourg. On y célébra à la fois son installation et son mariage avec Séraphine. Plusieurs semaines s'écoulèrent dans les fêtes ; puis, peu à peu, les hôtes s'éloignèrent à la grande satisfaction des nouveaux époux, et de V... qui ne voulait pas quitter le château sans faire connaître au jeune baron tous les détails de son nouveau domaine. Depuis le temps où Daniel était venu lui apparaître, le justicier avait fait élection de domicile, comme il le disait, dans la chambre du vieux Roderich, afin de se trouver en situation d'arracher à l'intendant une confession, s'il renouvelait ses promenades. Ce fut donc là et dans la salle voisine qu'il se réunit avec le baron pour traiter des affaires du Majorat. Ils se trouvaient un soir ensemble auprès d'un feu pétillant, V... notant, la plume à la main, les recettes et les dépenses du domaine, et le baron les yeux fixés sur les registres et les documens que son avocat lui présentait. Ils n'entendaient ni le murmure des flots de la mer, ni les cris des mouettes qui annonçaient l'orage, ni le bruit du vent qui s'engouffrait dans les corridors du château et rendait des sons plaintifs. Lorsqu'enfin un horrible coup de vent eut ébranlé la toiture du château, V... s'écria : Un mauvais temps! — Le baron, plongé dans le calcul de sa richesse, répondit, en tournant un feuillet de ses récoltes : — Oui, un fort mauvais temps!

Mais il poussa tout à coup un grand cri. La porte s'était ouverte, et Daniel, que chacun croyait retenu sur son lit par sa maladie, parut, les cheveux en désordre, presque nu, et dans un état de maigreur effrayant.

— Daniel! — Daniel! — Que fais-tu ici à cette heure? lui cria le baron effrayé.

Le vieillard poussa un long gémissement et tomba sur le parquet. V... appela les domestiques, on le releva, mais tous les efforts qu'on fit pour rappeler ses sens furent inutiles.

— Mon Dieu! n'ai-je donc pas entendu dire qu'en prononçant le nom d'un somnambule, on peut causer sa mort? s'écria le baron. Ah! malheureux que je suis, j'ai tué ce pauvre vieillard! C'en est fait de mon repos!

Lorsque Daniel eut été emporté par les domestiques, V... prit le baron par le bras, le conduisit auprès de la porte murée et lui dit : — Celui qui vient de tomber sans mouvement à vos pieds, baron Roderich, est l'assassin de votre père!

Le baron resta pétrifié. V... continua : — Il est temps enfin de vous dévoiler cet horrible secret. Le ciel a permis que le fils prît vengeance de la mort de son père. Les paroles que vous avez fait retentir aux oreilles de ce misérable sont les dernières que votre malheureux père a prononcées!

Tremblant, hors d'état de prononcer un mot, le baron prit place auprès du justicier, et celui-ci lui fit d'abord connaître le contenu du paquet laissé par Hubert pour être lu après l'ouverture de son testament.

Hubert y témoignait un vif repentir de la haine qu'il avait conçue contre son frère aîné, après la fondation du Majorat. Il avouait qu'il avait toujours cherché, mais en vain, à nuire à Wolfgang dans l'esprit de son père. Ce ne fut que lorsqu'il connut le mariage de son frère à Genève, qu'il conçut l'espoir de réaliser ses projets. Cette union parut un crime horrible aux yeux du vieillard, qui avait dessein de consolider la fondation de son majorat par une riche alliance. Il écrivit à son fils de revenir aussitôt à R..bourg, et de faire casser son mariage, le menaçant de sa malédiction s'il n'obéissait à ses ordres. Ce fut cette lettre que Wolfgang brûla près du corps de son père.

Wolfgang périt, et le Majorat revint à Hubert avant que son frère eût pu divulguer son mariage. Hubert se garda de le faire connaître, et s'appropria le domaine qui revenait à son neveu; mais le ciel ne permit pas qu'il en jouît paisiblement, et la haine que se portaient ses deux fils lui fut un terrible châtiment de celle qu'il avait portée à son frère.

— Tu es un pauvre hère, dit un jour l'aîné des deux, âgé de douze ans, à son plus jeune frère; lorsque mon père mourra, je deviendrai seigneur de R...; et toi, il faudra que tu viennes humblement me baiser la main quand je te donnerai de l'argent pour avoir un habit neuf. L'enfant, irrité de l'orgueil de son frère, lui lança aussitôt un couteau qu'il tenait à la main, et le blessa cruellement. Hubert, craignant de plus grands malheurs, envoya le cadet en Russie, où il prit plus tard du service, et fut tué en combattant sous les ordres de Suwarow contre les Français.

Quant à la mort de son frère, le baron s'exprimait en termes singuliers et équivoques, qui laissent toutefois soupçonner qu'il avait eu part à cet horrible attentat. Les papiers que renfermait le carton noir expliquèrent tout.

Il contenait une déclaration écrite et signée par Daniel. C'était d'après l'invitation de Daniel que le baron Hubert était venu à R...; c'était Daniel qui lui avait fait savoir qu'on avait trouvé une somme immense dans la chambre du baron Roderich. Daniel brûlait du désir d'assouvir sa vengeance sur le jeune homme qui l'avait si outrageusement traité. Il entretenait sans cesse la colère du malheureux Hubert, et l'excitait à se débarrasser de son frère. Ce fut dans une chasse qu'ils firent ensemble, qu'ils tombèrent enfin d'accord.

— Il faut le tuer ! murmura Hubert en jetant un coup-d'œil sur son fusil.

— Le tuer, oui ; mais pas ainsi, dit Daniel. Et il ajouta qu'il promettait de tuer le baron sans qu'on entendît seulement un coq chanter.

Après avoir reçu l'argent de son frère, Hubert voulut fuir pour échapper à la tentation. Daniel lui sella lui-même un cheval dans la nuit, et le conduisit hors de l'écurie ; mais lorsque le baron voulut se mettre en selle, Daniel lui dit d'un air sombre : — Je pense, baron Hubert, que vous feriez bien de rester dans le Majorat, qui vous appartient maintenant ; car l'orgueilleux seigneur est tombé dans les fossés de la tour !

Daniel avait observé que Wolfgang,

dévoré de la soif de l'or, se levait souvent dans la nuit, ouvrait la porte qui conduisait autrefois à la tour, et regardait avec attention dans le gouffre qui devait, selon lui, cacher des trésors. Daniel l'avait suivi. Au moment où il avait entendu le baron ouvrir la porte de la tour, il s'était approché de lui sur le bord du gouffre; et celui-ci, qui lisait déjà dans les yeux du traître des projets de vengeance, s'était écrié : Daniel! Daniel! que fais-tu ici à cette heure?

— Meurs, chien galeux! s'était écrié Daniel à son tour; et d'un vigoureux coup de pied il l'avait précipité dans les profondeurs de l'abîme.

Ici mon grand-oncle cessa de parler, ses yeux se remplirent de larmes; il ajouta d'une voix presque éteinte : — Ce n'est pas tout, Théodore; écoute avec courage ce qui me reste à te dire.

Je frissonnai.

— Oui, reprit mon oncle, le mauvais génie qui plane sur cette famille a aussi étendu son bras sur *elle!* — Tu pâlis! Sois homme enfin; et rends grâce au ciel de n'avoir pas été la cause de sa mort.

— Elle n'est donc plus ? m'écriai-je en gémissant.

— Elle n'est plus! Deux jours après notre départ, le baron arrangea une partie de traîneaux. Tout à coup les chevaux de celui où il se trouvait avec la baronne s'emportèrent, et partirent à travers le bois avec une rage incroyable.

— Le vieillard! le vieillard est derrière nous! Il nous poursuit! s'écriait la baronne d'une voix perçante. En ce moment, le traîneau fut renversé et se brisa. On la trouva sans vie! Le baron en mourra de douleur. Jamais nous ne reverrons R..bourg, mon neveu !

Je ne sais comment la douleur que me causa ce récit ne me tua pas moi-même.

## CONCLUSION.

———

Des années avaient passé. Mon grand-oncle reposait dans sa tombe. J'avais dès long-temps quitté ma patrie, et mes voyages m'avaient entraîné jusqu'au fond de la Russie. A mon retour, passant par une nuit d'automne bien sombre sur une chaussée le long de la Baltique, j'aperçus un feu qui brillait à quelque distance ; c'était comme une constellation immense, et je ne pouvais concevoir d'où venait cette flamme à une si prodigieuse élévation.

— Postillon, criai-je, quel est ce feu que nous voyons devant nous?

— Eh! ce n'est pas du feu, me répondit-il. C'est le fanal de la tour de Rembourg.

— Rembourg!

En entendant prononcer ce nom, l'image des jours heureux que j'avais passés en ce lieu s'offrit à moi dans toute sa fraîcheur. Je vis le baron, je vis Séraphine, et aussi les deux vieilles tantes ; et moi-même je me revis avec mon visage imberbe, ma chevelure bien frisée, bien poudrée, avec mon frac de taffetas bleu de ciel ; je me revis jeune, aimé, plein d'amour !... Et, au milieu de la profonde mélancolie que m'inspirait ce douloureux souvenir, je croyais encore entendre les malicieuses plaisanteries de mon vieux grand-oncle !

Vers le matin, ma voiture s'arrêta devant la maison de l'inspecteur du domaine. Je la reconnus aussitôt. Je m'informai de lui.

— Avec votre permission, me dit le maître de poste, il n'y a pas d'inspecteur de domaine ici. C'est un bailliage royal.

Je m'informai encore. Le baron de Roderich de R*** était mort depuis seize ans, sans descendans; et le majorat, conformément à son institution, était échu à l'état.

J'eus la force d'aller au château. Il tombait en ruines. On avait employé une partie des matériaux pour construire la tour du fanal; c'est du moins ce que me dit un paysan que je rencontrai dans le bois de pins. Il me parla aussi des anciennes apparitions, et il me jura qu'au temps de la pleine lune on entendait encore d'affreux gémissemens s'élever du milieu de ces décombres.

Pauvre baron Roderich! Quelle puissance ténébreuse a coupé dès ses premiers rejetons le tronc dont tu avais cru consolider les racines pour l'éternité?

FIN DU MAJORAT.

# LE SANCTUS.

# LE SANCTUS.

---

Le docteur secoua la tête d'un air mécontent. — Quoi! s'écria le maître de chapelle en s'élançant de sa chaire, quoi! le catarrhe de Bettina aurait-il quelque chose d'inquiétant?

Le docteur cogna deux ou trois fois de son jonc d'Espagne sur le parquet, prit sa tabatière, la remit dans sa poche sans prendre de tabac, leva les yeux au plafond comme pour en compter les solives, et toussa sans prononcer une parole. Cela mit le maître de chapelle hors de lui, car il savait déjà que la pantomime du docteur disait clairement:

— Le cas est fâcheux; je ne sais qu'y faire, et je tâte en aveugle comme le docteur de Gil-Blas de Santillane.

— Mais voyons, parlez clairement, et dites-nous, sans tous ces airs d'importance, ce qu'il en est du rhume que Bettina a gagné en négligeant de se couvrir de son châle au sortir de l'église. Il ne lui en coûtera pas la vie, à cette pauvre petite, j'imagine.

—Oh! nullement, dit le docteur en reprenant sa tabatière et y puisant cette fois, nullement; mais il est plus que probable qu'elle ne pourra plus chanter une note dans toute sa vie.

A ces mots, le maître de chapelle enfonça ses dix doigts dans ses cheveux avec un tel désespoir qu'un nuage de poudre se répandit autour de lui; il parcourut la chambre dans une agitation extrême, et s'écria : — Ne plus chanter! ne plus chanter! Bettina ne plus chanter! Toutes ces charmantes canzonnettes, ces merveilleux boleros, ces ravissantes seguidillas, qui coulaient de ses lèvres comme des ruisseaux de miel ; tout cela serait mort? Elle ne nous ferait plus entendre ces doux *agnus*, ces tendres *benedictus?* Oh! oh! — Plus de *miserere* qui vous purgeaient de toutes les idées terrestres, et qui m'inspiraient un monde entier de thèmes chromatiques? — Tu mens, docteur, tu mens! l'organiste de la cathédrale, qui me poursuit de sa haine depuis que j'ai composé un *qui tollis* à huit voix, au ravissement de l'univers entier, t'a séduit pour me nuire! Il veut me pousser au désespoir, pour que je n'achève pas ma nouvelle messe; mais il ne réussira pas! J- les porte là, les *solo* de Bettina (il frappa sur sa poche); et demain, tout à l'heure, la petite les chantera d'une voix plus argentine que la clochette de l'église.

Le maître de chapelle prit son chapeau et voulut s'éloigner; le docteur le retint en lui disant avec douceur : — J'honore votre enthousiasme, mon digne ami, mais je n'exagère en rien, et je ne connais aucunement l'organiste de la cathédrale, quel qu'il soit. Depuis le jour où Bettina a chanté les *solo* dans les *Gloria* et les *Credo*, elle a été atteinte d'une extinction de voix qui défie tout mon art, et me fait craindre, comme je l'ai dit, qu'elle ne chante plus.

— Très-bien! s'écria le maître de

chapelle, comme résigné dans son désespoir, très-bien ! Alors, donnez-lui de l'opium, — de l'opium, et si long-temps de l'opium qu'elle finisse par une douce mort; car si Bettina ne chante plus, elle ne doit plus vivre: elle ne vit plus que pour chanter; elle n'existe que dans son chant ! Céleste docteur, faites-moi ce plaisir; empoisonnez-la plutôt. J'ai des connexions dans le collége criminel; j'ai étudié avec le président à Halle; c'était un excellent cor, et nous concertions toutes les nuits avec accompagnement obligé de chats et de chiens ! Vous ne serez pas inquiété à cause de cela, je vous le jure; mais empoisonnez-la, je vous en prie, mon bon docteur !

— Quand on a déjà atteint à un certain âge, dit le docteur; quand on en est venu à porter de la poudre depuis maintes années, on ne crie pas ainsi; on ne parle pas d'empoisonnement et de meurtre : on s'assied tranquillement dans son fauteuil, et on écoute son docteur avec patience.

Le maître de chapelle s'écria d'un ton lamentable : — Que vais-je entendre? et fit ce que le docteur lui ordonnait.

— Il y a, dit le docteur, il y a en effet, dans la situation de Bettina, quelque chose de bizarre, je dirais même de merveilleux. Elle parle librement, avec toute la puissance de son organe; elle n'a pas seulement l'apparence d'un mal de gorge ordinaire, elle est même en état de donner un ton musical : mais dès qu'elle veut élever sa voix jusqu'au chant, un je ne sais quoi inconcevable étouffe le son, ou l'arrête de manière à lui donner un accent mat et catarrhal, et à ne lui laisser en quelque sorte que l'ombre de lui-même. Bettina, monsieur, compare très-judicieusement son état à un rêve dans lequel on s'efforce en vain de planer dans les airs. Cet état négatif de maladie se rit de ma science et de tous les moyens que j'emploie. L'ennemi que je combats m'échappe comme un spectre. Et vous avez eu raison de dire que Bettina n'existe que dans son chant, car elle meurt déjà d'effroi en songeant qu'elle pourra perdre sa voix; et cette affection redoublant son mal, je suis fondé à croire que toute la maladie de la jeune fille est plutôt psychique que physique.

— Très-bien, docteur! s'écria un troisième interlocuteur qui était resté dans un coin, les bras croisés, et que nous désignerons sous le nom du voyageur enthousiaste; très-bien, mon excellent docteur! vous avez touché du premier coup le point délicat! La maladie de Bettina est la répercussion physique d'une impression morale; et, en cela, elle n'est que plus dangereuse.

Moi seul, je puis tout vous expliquer, messieurs!

— Que vais-je entendre! dit le maître de chapelle d'un ton encore plus lamentable. Le docteur approcha sa chaise du voyageur enthousiaste, et le regarda en souriant; mais le voyageur, levant les yeux au ciel, commença sans regarder le docteur ni le maître de chapelle.

— Maître de chapelle! dit-il, je vis une fois un petit papillon bariolé qui s'était pris dans les fils de votre double clavicorde. La petite créature voltigeait gaîment de côté et d'autre, et ses ailerons brillans battaient tantôt les cordes supérieures, tantôt les cordes inférieures, qui rendaient alors tout doucement des sons et des accords d'une délicatesse infinie, et perceptibles seulement pour le tympan le plus exercé. Le léger insecte semblait voluptueusement porté par les ondulations de l'harmonie; il arrivait quelquefois cependant qu'une corde, touchée plus brusquement, frappait comme irritée les ailes du joyeux papillon dont les couleurs étincelantes s'éparpillaient aussitôt en poussière; mais il continua de voltiger gaîment, jusqu'à ce que, froissé, blessé de plus en plus par les cordes, il alla tomber sans vie dans l'ouverture de la table d'harmonie, au milieu des doux accords qui l'avaient enivré.

— Que voulez-vous dire par ces paroles? demanda le maître de chapelle.

— Faites-en l'application, mon cher ami. J'ai réellement entendu le papillon en question jouer sur votre clavicorde, mais je n'ai voulu qu'exprimer une idée qui m'est revenue en entendant le docteur parler du mal de Bettina. Il m'a toujours semblé que la nature nous avait placés sur un immense clavier dont nous touchons sans cesse les cordes; les sons et les accords que nous en tirons involontairement nous charment comme notre propre ouvrage; et souvent nous mettons les cordes si rudement en jeu, d'une façon si peu harmonique, que nous tombons mortellement blessés par leur répulsion.

— C'est fort obscur! dit le maître de chapelle.

— Oh! patience! s'écria le docteur en riant. Il va se remettre en selle sur son *dada*, et partir en plein galop pour le pays des pressentimens, des sympathies et des rêves, où il ne s'arrêtera qu'à la station du magnétisme.

— Doucement, doucement, mon sage docteur, dit le voyageur enthousiaste; ne vous moquez pas de choses dont vous avez reconnu vous-même la puissance. N'avez-vous pas dit tout à l'heure que la maladie de Bettina est un mal tout psychique?

— Mais, dit le docteur, quel rapport trouvez-vous entre Bettina et le malheureux papillon?

— Si on voulait tout examiner en détail, et passer en revue jusqu'au moindre grain de poussière, ce serait un travail fort ennuyeux! dit le voyageur enthousiaste. Laissons les cendres du papillon reposer au fond du clavicorde.

Lorsque je vins ici l'année dernière, la pauvre Bettina était fort à la mode; elle était recherchée, comme on dit, et on ne pouvait boire du thé sans entendre Bettina chanter une romance espagnole, une canzonnette italienne ou une romance française dans le goût de, *Souvent l'amour*, etc. Je craignais vraiment que la pauvre enfant ne pérît dans l'océan de thé qu'on lui versait. Cela n'arriva pas, heureusement; mais il arriva une autre catastrophe.

— Quelle catastrophe? s'écrièrent le docteur et le maître de chapelle.

— Voyez-vous, messieurs, continua l'enthousiaste, la pauvre Bettina est ensorcelée, comme on dit; et, quoi qu'il m'en coûte de l'avouer, je suis, moi, l'enchanteur qui ai accompli l'œuvre; et, semblable à l'élève du sorcier, je n'ai pas assez de science pour détruire ce que j'ai fait.

— Folies! folies! s'écria le docteur en se levant. Et nous sommes là à l'écouter tranquillement, tandis qu'il nous mystifie!

— Mais, au nom du diable, la catastrophe! la catastrophe! reprit le maître de chapelle.

— Silence, messieurs! dit l'enthousiaste; je vous dirai tout. Prenez, au reste, ma sorcellerie pour une plaisanterie, si vous voulez; je n'éprouverai pas moins le chagrin d'avoir été, sans le vouloir et sans le savoir, le moteur du mal de Bettina; d'avoir servi aveuglément de conducteur au fluide électrique qui....

— Hop! hop! hop! dit le docteur en galopant sur sa canne; le voilà parti, et sa monture caracole déjà.

— Mais l'histoire! l'histoire! s'écria le maître de chapelle.

— Vous vous souvenez avant tout, maître de chapelle, du jour où Bettina chanta pour la dernière fois avant qu'elle perdît sa voix dans l'église; vous vous rappelez que cela eut lieu le dimanche de Pâques de l'année dernière : vous aviez votre habit noir à la française, et vous dirigiez la belle messe de Haydn en bémol. Les soprano furent confiés à un chœur de jeunes filles dont les unes chantaient, et les autres croyaient chanter. Parmi elles se trouvait Bettina, qui exécuta les petits *solo* d'une voix pleine et brillante. Vous savez que je m'étais placé parmi les ténors. Au moment de commencer le *Sanctus*, j'entendis un léger bruit derrière moi; je me retournai involontairement, et j'aperçus, à mon grand étonnement, Bettina qui avait quitté les chanteurs et qui s'efforçait de passer entre les chanteurs et les exécutans. — Vous voulez vous en aller? lui dis-je. — Il est temps, me répondit-elle, que je me rende à l'autre église où je dois chanter une cantate; il faut aussi que j'aille essayer ce soir une couple de *duo*; puis, il y a un souper au palais : vous y viendrez; nous aurons des chœurs du *Messie* de Haendel, et le premier final des *Nozze di Figaro*.

Pendant ce dialogue, les accords majestueux du *Sanctus* retentissaient sous la voûte de l'église, et l'encens s'élevait en nuages bleus jusqu'à la coupole. — Ne savez-vous pas, lui-dis-je, que quitter l'église pendant le *Sanctus* est un péché qui ne reste pas impuni?

Je voulais plaisanter; et je ne sais comment il se fit que mes paroles prirent un accent solennel. Bettina pâlit, et quitta l'église en silence. Depuis ce moment elle a perdu sa voix.

Le docteur resta le menton appuyé sur sa canne, et garda le silence.

— C'est excellent! s'écria le maître de chapelle.

— D'abord, reprit l'enthousiaste, je ne songeai plus à ce que j'avais dit à Bettina; mais bientôt, lorsque j'appris de vous, docteur, que Bettina souffrait de sa maladie, je me ressouvins d'une histoire que j'ai lue il y a quelques années dans un vieux livre, et qui m'a semblé si agréable que je vais vous la raconter.

— Racontez! s'écria le maître de chapelle; peut-être me donnera-t-elle de l'étoffe pour quelque bon opéra comique.

— Mon cher maître de chapelle, dit le docteur, si vous pouvez mettre en musique des rêves, des pressentimens et des extases magnétiques, vous aurez votre fait, car l'histoire roulera sans doute sur ce sujet-là.

Sans répondre au docteur, le voyageur enthousiaste s'enfonça dans son fauteuil, et commença en ces termes, d'une voix grave : « Les tentes d'Isabelle et de Ferdinand d'Aragon s'étendaient à l'infini devant les murs de Grenade..... »

— Seigneur du ciel et de la terre! s'écria le docteur, cela commence comme une histoire qui doit durer neuf jours et neuf nuits; et moi, je reste là, tandis que mes patiens se lamentent! Je m'embarrasse bien de vos histoires maures à la Gonzalve de Cordova : j'ai entendu les seguidillas de Bettina, et j'en ai assez comme cela. Serviteur !

A ces mots, le docteur sortit.

Le maître de chapelle resta paisiblement sur sa chaise, et dit : — C'est, comme je le remarque, quelque histoire des guerres des Maures avec les Espagnols. Il y a long-temps que j'ai voulu composer quelque chose dans cette couleur-là : combats, tumulte, romances, marches, cymbales, chœurs, tambours et trombonnes. Ah! les trombonnes! Puisque nous voilà seuls, racontez-moi cela, mon cher ami. Qui sait? cela va peut-être faire germer dans mon cerveau quelques idées.

— Sans nul doute, maître de chapelle! Tout se tourne en opéra avec vous, et c'est pour cela que les gens raisonnables, qui prétendent qu'on ne doit prendre la musique que par petites doses, vous regardent comme un fou. Ainsi je veux vous raconter mon histoire, dussiez-vous m'interrompre de temps en temps par quelques petits accords. Et le voyageur enthousiaste commença :

« Les tentes d'Isabelle et de Ferdinand d'Aragon s'étendaient à l'infini devant les murs de Grenade. Espérant en vain des secours, resserré toujours plus étroitement, le lâche Boabdil, que son peuple nommait par dérision le petit roi, ne trouvait de consolation à ses maux que dans les cruautés auxquelles il se livrait. Mais plus le découragement et le désespoir s'emparaient du peuple et des guerriers de Grenade, plus l'espoir du triomphe et l'ardeur des combats animaient les troupes espagnoles. Un assaut n'était pas nécessaire. Ferdinand se contentait de faire tirer sur les remparts et de faire reculer les ouvrages des assiégés. Ces petites escarmouches ressemblaient plutôt à de joyeux tournois qu'à des combats sanglans, et la mort qu'on y trouvait relevait même le courage des autres combattans, car les victimes étaient honorées avec toute la pompe chrétienne, comme des martyrs de la foi.

Dès son arrivée, Isabelle fit construire au milieu du camp un immense édifice en bois, surmonté de tours au haut desquelles flottait l'étendard de la croix. L'intérieur fut disposé pour servir de cloître et d'église, et des nonnes bénédictines y chantèrent chaque jour les offices. Chaque matin, la reine, accompagnée de sa suite et des chevaliers, venait entendre la messe que disait son confesseur, et que desservait un chœur de nonnes.

Il arriva qu'un matin Isabelle distingua une voix dont le timbre harmonieux la faisait entendre par dessus toutes les autres; et la manière dont elle prononçait les versets était si singulière qu'on ne pouvait douter que cette nonne devait chanter pour la première fois dans l'enceinte sacrée. Isabelle regarda autour d'elle, et remarqua que sa suite partageait son étonnement. Elle commençait à soupçonner qu'il s'était passé quelque singulière aventure, lorsque ses yeux tombèrent sur le brave général Aguilar, placé non loin d'elle. Agenouillé sur sa chaise, les mains jointes, les yeux brillans de désir, il regardait avec attention vers la grille du chœur. Lorsque la messe fut achevée, Isabelle se rendit dans l'appartement de dona Maria, la supérieure, lui demander qui était cette chanteuse étrangère.

— Daignez vous souvenir, ô reine! dit dona Maria, qu'il y a un mois, don Aguilar avait formé le projet d'attaquer l'ouvrage extérieur, surmonté d'une magnifique terrasse qui sert de promenade aux Maures. Cette nuit-là les chants voluptueux des païens retentissaient dans notre camp comme des voix de syrènes ; et le brave Aguilar la choisit à dessein pour détruire le repaire des infidèles. Déjà l'ouvrage était emporté, déjà les femmes, faites prisonnières, avaient été emmenées pendant le combat, lorsqu'un renfort inattendu força le vainqueur à se retirer dans le camp. L'ennemi n'osa pas l'y poursuivre, et il se trouva que les prisonnières restèrent aux Espagnols. Parmi ces femmes, il s'en trouvait une dont le désespoir excita l'attention de don Aguilar. Il s'approcha d'elle ; elle était voilée, et, comme si sa douleur n'eût pas trouvé d'autre expression que le chant, elle prit le cistre qui était suspendu à son cou par un ruban d'or ; et, après avoir touché quelques accords, elle commença une romance où se peignait la peine de deux amans

qu'on sépare. Aguilar, singulièrement
ému de ces plaintes, résolut de la faire
reconduire à Grenade; elle se jeta alors
à ses genoux, et releva son voile. —
N'es-tu pas Zuléma, la perle des chanteuses de Grenade? s'écria Aguilar. C'était en effet Zuléma, qu'il avait eu l'occasion d'observer tandis qu'il s'acquittait
d'une mission auprès du roi Boabdil. —
Je te donne la liberté! dit Aguilar. Mais
le révérend père Agostino Sanchez, qui
s'était rendu au camp espagnol, le crucifix à la main, lui dit alors : — Souviens-toi que tu nuis à cette captive en la
renvoyant parmi les infidèles. Peut-être,
parmi nous, la grâce du Seigneur l'eût-elle éclairée et ramenée dans le sein de
l'église. Aguilard répondit : — Qu'elle
reste donc un mois parmi nous; et après
ce temps, si elle ne se sent pas pénétrée
de l'esprit du Seigneur, elle retournera
à Grenade. — C'est ainsi, ô reine! que

Zuléma a été recueillie parmi nous dans ce cloître. D'abord, elle s'abandonna à une douleur sans bornes, et elle remplissait le cloître tantôt de chants terribles et sauvages, tantôt lugubres et plaintifs; car partout on entendait sa voix retentissante. Une nuit, nous nous trouvions rassemblées dans le chœur de l'église, où nous chantions les heures selon la manière belle et sainte que le grand-maître Ferreras nous a enseignée; je remarquai, à la lueur des cierges, Zuléma debout près de la porte du chœur, qui était restée ouverte; elle nous contemplait d'un air grave et méditatif; et, lorsque nous nous éloignâmes deux à deux, Zuléma s'agenouilla dans la travée, non loin de l'image de Marie. Le jour suivant, elle ne chanta pas de romance; elle le passa dans le silence et dans la réflexion. Bientôt elle essaya sur son cistre les accords du chœur que nous avions chanté dans l'église ; puis, elle commença à chanter tout doucement, cherchant même à imiter les paroles de chant qui résonnaient singulièrement dans sa bouche.

Je remarquai bien que l'esprit du Seigneur se manifestait dans ce chant et qu'il ouvrirait son âme à la grâce ; aussi j'envoyai sœur Emmanuela, notre maîtresse de chœurs, auprès de la jeune Maure, pour qu'elle entretînt l'étincelle sacrée qui s'était montrée en elle ; et il arriva qu'au milieu des chants religieux qu'elles entonnèrent ensemble la foi se produisit enfin. Zuléma n'a pas encore été reçue dans le sein de l'église par le sacrement du baptême ; mais il lui a été permis de se joindre à moi pour louer le Seigneur, et de faire servir sa voix merveilleuse à la gloire de notre sainte religion.

La reine comprit alors pourquoi don

Aguilar avait si facilement cédé aux remontrances du père Agostino, et elle se réjouit de la conversion de Zuléma. Quelques jours après Zuléma fut baptisée et reçut le nom de Julia. La reine elle-même et le marquis de Cadix, Henri de Guzman, furent parrains de la belle Maure. On devait croire que les chants de Julia deviendraient encore plus fervens après son baptême, mais il en arriva autrement ; on observa qu'elle troublait souvent le chœur en y mêlant des accens singuliers. Quelquefois le bruit sourd de son cistre frappait sourdement les voûtes du temple, et semblait comme le murmure d'un orage. Julia devenait de plus en plus agitée, et souvent aussi elle interrompait les hymnes latines par des paroles mauresques. Emmanuela avertit la nouvelle convertie de résister courageusement à l'ennemi secret de son âme ; mais Julia, loin de suivre ses avis, chantait, souvent au grand scandale des sœurs, de gracieuses chansons maures au moment même où les chœurs du vieux Ferreras s'élevaient jusqu'aux nues. Elle accompagnait ces ballades d'un léger accompagnement qui contrastait singulièrement avec la variété de la musique religieuse, et rappelait le bruit des petites flûtes maures.

— *Flauti piccoli*, des flûtes d'octave, dit le maître de chapelle. Mais, mon bon ami, jusqu'ici il n'y a rien, absolument rien pour un opéra, dans votre histoire ; pas même une exposition, et c'est là le principal. Cependant l'épisode du cistre m'a frappé. — Dites-moi, mon cher ami : ne pensez-vous pas, comme moi, que le diable est un ténor, et qu'il chante faux comme..... le diable ?

— Dieu du ciel ! vous devenez de jour en jour plus caustique, mon cher maître de chapelle. Mais laissez-moi continuer mon histoire qui devient fort difficile à conter, car nous approchons d'un moment critique.

La reine, accompagnée des principaux capitaines de l'armée, se rendit au cloître des nonnes-bénédictines pour y entendre la messe, comme de coutume. Un mendiant couvert de haillons se tenait à la porte principale ; lorsque les gardes voulurent l'entraîner, il courut de côté et d'autre comme un furieux et heurta même la reine. Aguilar irrité voulut le frapper de son épée; mais le mendiant, tirant un cistre de dessous son manteau, en fit sortir des accens si bizarres que tout le monde en fut frappé d'effroi. Les gardes le tinrent enfin éloigné, et on dit à Isabelle que c'était un prisonnier maure qui avait perdu l'esprit, et qu'on laissait courir dans le camp pour amuser les soldats par ses chants. La reine pénétra dans la nef, et l'office commença. Les sœurs du chœur entonnèrent le *sanctus*, mais au moment où Julia commençait d'une voix sonore, *Pleni sunt cœli gloriâ tuâ*, le bruit d'un cistre retentit dans l'église, et la nouvelle convertie, fermant le livre, se disposa à quitter le pupitre. La supérieure voulut en vain la retenir. — N'entends-tu pas les splendides accords du maître? dit Julia. Il faut que j'aille le trouver, il faut que je chante avec lui. Mais dona Emmanuela, l'arrêtant par le bras, lui dit d'un ton solennel : — Pécheresse qui désertes le service du Seigneur, et dont le cœur renferme des pensées mondaines, fuis de ces lieux ; ta voix se brisera, et les accens que le Seigneur t'a prêtés pour le louer s'éteindront à jamais !

Julia baissa la tête en silence, et disparut.

A l'heure des matines, au moment où les nonnes se rassemblaient de nouveau dans l'église, une épaisse fumée se répandit sous les voûtes. Bientôt les flammes pénétrèrent en sifflant à travers les murailles de bois, et embrasèrent le cloître. Ce fut à grand'peine que les religieuses sauvèrent leur vie. Les trompettes retentirent dans tout le camp et tirèrent les soldats de leur sommeil, et on vit accourir Aguilar en désordre et à demi brûlé. Il avait en vain cherché à sauver Julia du milieu des flammes; elle avait disparu. En peu de temps le vaste camp d'Isabelle ne fut plus qu'un monceau de cendres. Les Maures, profitant du tumulte, vinrent attaquer l'armée chrétienne; mais les Espagnols déployèrent une valeur plus brillante que jamais; et, lorsque l'ennemi eut été repoussé dans ses retranchemens, la reine Isabelle, assemblant les chefs, donna l'ordre de bâtir une ville au lieu même où naguère s'élevait son camp. C'était annoncer aux Maures que le siége ne serait jamais levé.

— Si l'on pouvait traiter les matières religieuses sur la scène, dit le maître de chapelle, le rôle de Julia ne laisserait pas que de fournir quelques morceaux brillans en deux genres bien distincts, les romances ou les chants d'église. La marche des Espagnols ne ferait pas mal au milieu d'une scène, et la scène du mendiant la couperait fort bien. Mais continuez, et revenons à Julia qui n'a pas été brûlée, je l'espère.

— Remarquez d'abord, mon cher maître de chapelle, que la ville qui fut bâtie alors par les Espagnols, dans l'espace de vingt et un jours, est Santa-Fé qui existe encore aujourd'hui. Ceci soit dit en passant; mais vos remarques m'ont éloigné du ton de mon histoire. Je suis involontairement retombé dans le style familier. Pour me remettre, jouez-moi donc, je vous prie, un des répons de Palestrina, que je vois là ouverts sur votre piano.

Le maître de chapelle se conforma au désir du voyageur enthousiaste ; et celui-ci continua.

— Les Maures ne cessèrent pas d'inquiéter les Espagnols pendant la construction de leur ville; et il s'en suivit plusieurs combats sanglans, où Aguilar déploya une brillante valeur. Revenant un jour d'une de ces escarmouches, il quitta son escadron près d'un bois de myrtes, et continua seul sa route, en se livrant à ses pensées. L'image de Julia était sans cesse devant ses yeux. Dans le combat même, il avait cru souvent entendre sa voix, et jusqu'en ce moment il lui semblait distinguer au loin des accens singuliers, comme un mélange de modulations mauresques et de chants d'église; tout à coup le choc d'une armure se fit entendre auprès de lui; un cavalier maure, monté sur un léger cheval arabe, passa rapidement auprès d'Aguilar, et le sifflement d'un javelot glissa près de son oreille. Aguilar voulut s'élancer sur son agresseur, mais un second javelot vint s'enfoncer dans le poitrail de son cheval, qui bondit de rage et de douleur, et renversa son cavalier sur la poussière. Le général espagnol se releva promptement, mais le Maure était déjà près de lui, debout sur ses étriers et le cimeterre levé. Aguilar se jeta sur lui en un clin d'œil, l'embrassa vigoureusement de ses deux bras nerveux, le jeta sur la terre avant qu'il eût pu lui porter un seul coup, et, le genou sur sa poitrine, lui présenta son poignard à la gorge. Il se disposait déjà à le percer, lorsque le Maure prononça en soupirant le nom de Zuléma ! — Malheureux ! s'écria Aguilar, quel nom as-tu prononcé là?

— Frappe, frappe! dit le Maure. Frappe celui qui a juré ta mort. Apprends, chrétien, que Hichem est le dernier de la race d'Alhamar, et que c'est lui qui t'enleva Zuléma! Je suis ce mendiant qui ai brûlé ton infâme église pour sauver l'âme de mes pensées! Frappe-moi donc, et finis ma vie puisque je n'ai pu t'arracher la tienne. — Zuléma existe! Julia vit encore! s'écria Aguilar.

Hichem laissa échapper un ricanement funeste.—Elle vit, mais votre idole sanglante et couronnée d'épines l'a frappée d'une malédiction magique, et la fleur épanouie s'est flétrie dans vos mains; sa voix mélodieuse s'est éteinte dans son sein, et la vie de Zuléma est près de l'abandonner avec ses chants. Frappe-moi donc, chrétien, car tu m'as arraché déjà plus que la vie.

Aguilar se releva lentement. — Hichem, dit-il, Zuléma était ma prisonnière par les lois de la guerre; éclairée par la grâce divine, elle a renoncé à la croyance de Mahomet: ne nomme donc pas l'âme de tes pensées celle qui est devenue ma dame, ou apprête-toi à me la disputer dans un combat loyal. Reprends tes armes!

Hichem reprit vivement son bouclier et son cimeterre; mais, au lieu de courir sur Aguilar, il piqua son coursier et partit avec la rapidité de l'éclair.

Ici le maître de chapelle imita sur son piano le bruit d'un cavalier qui s'éloigne; le voyageur lui fit signe de ne pas l'interrompre, et continua son récit.

— Sans cesse battus dans leurs sorties, pressés par la famine, les Maures se virent forcés de capituler, et d'ouvrir leurs portes à Ferdinand et à Isabelle, qui firent leur entrée triomphante dans Grenade. Les prêtres avaient déjà béni la grande

mosquée pour en faire une cathédrale ;
on s'y rendit pour chanter un *Te Deum*
solennel et rendre grâce au Dieu des armées. On connaissait la fureur et l'acharnement des Maures ; et des divisions
de troupes, échelonnées dans toutes les
rues adjacentes, protégeaient la procession. Aguilar, qui commandait une de
ces divisions, se dirigeait vers la cathédrale lorsqu'il se sentit blessé à l'épaule
gauche par un coup de flèche. Au même
moment, une troupe de Maures sortit
d'une rue étroite, et attaqua les chrétiens
avec une rage incroyable. Hichem était
à leur tête, et Aguilar, qui le reconnut
aussitôt, s'attacha à lui et ne le quitta
qu'après lui avoir plongé son épée dans
le sein. Les Espagnols poursuivirent
alors les Maures jusqu'à une grande
maison de pierres dont la porte s'ouvrit
et se referma sur eux. Quelques instans
après, une nuée de flèches partit des

fenêtres de cette maison, et blessa un grand nombre des gens d'Aguilar, qui commanda d'apporter des torches et des facines. Cet ordre fut exécuté, et déjà les flammes s'élevaient jusqu'aux toits lorsqu'une voix merveilleuse se fit entendre dans le bâtiment incendié. Elle chantait avec force : *Sanctus, sanctus Dominus Deus sabaoth!*

— Julia! Julia! s'écria Aguilar dans son désespoir. Les portes s'ouvrirent, et Julia, vêtue en nonne bénédictine, s'avança en répétant : *Sanctus, sanctus Dominus sabaoth!* Derrière elle marchait une longue file de Maures, la tête baissée et les bras croisés sur la poitrine. Les Espagnols reculèrent involontairement, et Julia, suivie des Maures, s'avança à travers leurs rangs jusqu'à la cathédrale, où elle entonna en entrant le *Benedictus qui venit in nomine Domini.* Le peuple tomba involontairement à genoux; et Julia, les yeux tournés vers le ciel, s'avança d'un pas ferme vers le maître-autel, où se trouvaient Ferdinand et Isabelle qui chantaient dévotement l'office. A la dernière strophe, *Dona nobis pacem*, Julia tomba inanimée dans les bras de la reine. Tous les Maures qui l'avaient suivie reçurent le même jour le saint sacrement du baptême.

L'enthousiaste venait de terminer son histoire, lorsque le docteur entra à grand bruit en s'écriant :—Vous restez là à vous raconter des histoires de l'autre monde, sans penser au voisinage de ma malade, et vous aggravez son état!

— Qu'est-il donc arrivé, mon cher docteur? dit le maître de chapelle effrayé.

—Je le sais bien, moi, dit l'enthousiaste d'un air fort tranquille.

— Rien de plus, rien de moins, sinon

que Bettina est entrée dans le cabinet à côté, et qu'elle a tout entendu. Voilà le résultat de vos histoires menteuses et de vos sottes idées; mais je vous rends responsable de tout ce qui en arrivera...

— Mais, docteur, reprit l'enthousiaste, songez donc que la maladie de Bettina est toute morale, qu'il lui faut un remède moral, et que peut-être mon histoire...

— Silence! dit le docteur. Je sais ce que vous allez dire.

— Elle ne vaut rien pour un opéra, mais il y avait là-dedans quelques petits airs assez jolis, dit le maître de chapelle en s'en allant.

Huit jours après, Bettina chantait d'une voix harmonieuse le *Stabat mater* de Pergolèse.

FIN DU PREMIER VOLUME.

www.ingramcontent.com/pod-product-compliance
Lightning Source LLC
Chambersburg PA
CBHW062230180426
43200CB00035B/1387